ÀS VEZES VOCÊ
GANHA,
ÀS VEZES VOCÊ
APRENDE

John C. Maxwell

Traduzido por Carla Ribas

ÀS VEZES VOCÊ GANHA, ÀS VEZES VOCÊ PERDE APRENDE

AS MAIORES LIÇÕES DE VIDA VÊM DE NOSSAS PERDAS

7ª impressão

CPAD
Rio de Janeiro
2023

Todos os direitos reservados. Copyright © 2014 para a língua portuguesa da Casa Publicadora das Assembleias de Deus. Aprovado pelo Conselho de Doutrina.

É proibida a duplicação ou reprodução deste volume, no todo ou em parte, sob quaisquer formas ou meios (eletrônico, mecânico, gravação, fotocópia, distribuição na web e outros), sem permissão expressa da Editora.

Título do original em inglês: *Sometimes You Win — Sometimes You Learn*
Center Street, Nova York, EUA
Primeira edição em inglês: 2013
Tradução: Carla Ribas

Preparação dos originais: Daniele Pereira
Capa: Fabio Longo
Projeto gráfico e editoração: Fagner Machado

CDD: 253 - Liderança
ISBN: 978-85-263-1225-8

As citações bíblicas foram extraídas da versão Almeida Revista e Corrigida, edição de 2009, da Sociedade Bíblica do Brasil, salvo indicação em contrário.

Para maiores informações sobre livros, revistas, periódicos e os últimos lançamentos da CPAD, visite nosso site: https://www.cpad.com.br

SAC — Serviço de Atendimento ao Cliente: 0800-021-7373

Casa Publicadora das Assembleias de Deus
Av. Brasil, 34.401, Bangu, Rio de Janeiro – RJ
CEP 21.852-002

7ª impressão: 2023
Impresso no Brasil
Tiragem: 1.000

Para Paulo Martinelli, Scott Fay, e os milhares de treinadores de todo o mundo que fazem parte do *John Maxwell Team*:
Vocês compartilham o meu coração.
Vocês transmitem meus valores.
Vocês vivem a minha visão.
Vocês estão adicionando valor aos outros muito além das minhas esperanças e expectativas.
Obrigado por criar um legado para mim, enquanto ainda estou por perto para vê-lo.

Agradecimentos

Obrigado a:
Charlie Wetzel, meu escritor;
Stephanie Wetzel, minha gerente de mídia social;
Linda Eggers, minha assistente executiva.

Uma Nota do Autor

Durante muitos anos tive a oportunidade de me reunir com o ex-técnico da liga de basquete, John Wooden. Passava um dia inteiro me preparando para encontrá-lo, decidindo que perguntas faria. Eu tinha consciência do raro privilégio de aprender com um mentor como ele.

O treinador era sempre muito gentil e atencioso. Da última vez em que nos encontramos, ele perguntou no que eu estava trabalhando. Eu havia acabado de finalizar o esboço do livro *Às Vezes Você Ganha, às Vezes Você Aprende*, e estava muito animado. Tirei as páginas que estavam em minha pasta e mostrei a ele, detalhando a tese e o que me levara a escrevê-la.

"Que ideia tremenda. Você pode ajudar as pessoas com isso", disse o técnico. Então ele realmente me surpreendeu, quando perguntou: "Posso escrever o prefácio?"

Que honra! Claro que aceitei.

Ele escreveu o prefácio como prometido, e após alguns meses veio a falecer. Fiquei emocionado ao perceber que essa foi provavelmente uma das últimas coisas que ele escreveu.

O mundo da escrita de livros é engraçado. Minha editora decidiu que queriam que eu escrevesse *Os 5 Níveis da Liderança* primeiro, então *As 15 Inestimáveis Leis do Crescimento*. Durante aquele período, esse livro teve que esperar. Após um atraso de dois anos, finalmente pude escrevê-lo.

Assim, essa é a história de como John Wooden veio a escrever o prefácio a seguir. Sou grato por suas palavras. Ele pode ter ido antes de nós, mas certamente não será esquecido.

Prefácio do Treinador John Wooden

John C. Maxwell é o homem que tenho orgulho de chamar de amigo. Não pelo fato de ser autor de mais de cinquenta livros sobre liderança e caráter, embora isso seja impressionante. Não porque suas palavras de encorajamento tenham inspirado milhões de pessoas a reavaliar suas escolhas e prioridades, embora isso seja importante. Não por ele ser um homem de princípios e fé, embora estas sejam qualidades admiráveis. Tenho orgulho de chamar John de amigo porque ele é o homem que compreende, acima de tudo, que viver significa aprender — e usar esse aprendizado para tornar-se um empregador melhor, um empregado melhor, pais melhores, irmãos melhores, amigos melhores, vizinhos melhores e melhores administradores das nossas bênçãos.

Essa filosofia tem sido o fundamento da minha vida, e atribuo ao John ser sempre aquela pessoa maravilhosa a nos lembrar o quanto ainda podemos aprender. Nunca me vi como treinador, e sim como um professor cuja sala de aula era a quadra de basquete. Porém também compreendi que sou um eterno aluno. Tento aprender algo novo todos os dias, obter diferentes perspectivas ou obter uma compreensão mais madura sobre o mundo. Essa forma de pensar é o que mantém a mente jovem, otimista e alegre. A cada visita de John, quando via seu bloco de páginas amarelas cobertas de perguntas que ele havia planejado fazer-me, eu sorria ao ver um dos líderes profissionais mundiais em respostas ainda ansiar por mais percepções profundas e ainda estar disposto a fazer perguntas para consegui-las. Era um maravilhoso lembrete de que eu deveria fazer o mesmo.

Além do mais, o aprendizado não termina ao recebermos o diploma. Na verdade, esse é o momento quando o verdadeiro aprendizado tem início. As lições que são dadas na escola não são as que nos acompanham durante a nossa vida; elas nos fornecem as ferramentas básicas para enfrentar o mundo real fora dos muros da escola. E o mundo real vai morder. Vai machucar. Algumas vezes vai bater e deixar marcas; outras vezes vai tirar o seu chão. As perdas chegarão até você de todas as formas e tamanhos e o atingirão em cada área da sua vida desde as finanças até seu coração, sua saúde, e mais — isso é certeza. O que não é garantido é como reagimos a esses desafios.

Como John discute neste livro, há uma diferença notável entre as pessoas que aprendem e as pessoas que não aprendem com suas perdas. Você quer seu espírito preso na enfermaria, tão fraco a ponto de não poder tentar de novo? Ou deseja agarrar a oportunidade de estudar, avaliar e reconsiderar o que aconteceu — e usar esse conhecimento para se preparar para outro desafio na vida?

Os elementos do aprendizado que John fornece nas páginas que se seguem são observações profundas de como ocorre o processo, e ele destaca o traço de personalidade ou atributo de cada uma. Ao dissecar o "DNA daqueles que aprendem", como ele tão sucintamente coloca, John nos conduz aos componentes necessários para lidar com diferentes tipos de perdas e transformar essas lições em valiosas armas para resistir e lutar nos futuros desafios.

Eu desafio qualquer pessoa que tenha sofrido uma frustração, uma demora, ou tenha recebido más notícias (em outras palavras, todo ser humano que já andou na terra) a ler a mensagem de John e não encontrar ao menos uma percepção que possa mudar drasticamente sua perspectiva de vida sobre os momentos mais obscuros.

Ao seguirmos os conselhos de John e aprendermos a enxergar as perdas como oportunidades para o crescimento através do aprendizado, então nos tornaremos invencíveis. A vida sempre trará perdas, mas se estivermos adequadamente armados, a perda não nos vencerá. Porque o homem ou mulher que aprende algo valioso nos momentos ruins tira deles o controle sobre a nossa mente, corpo, coração e alma.

Estas páginas oferecem mais do que apenas o manual para enfrentar os momentos difíceis; elas nos oferecem o maior presente de todos: esperança.

Sumário

Agradecimentos 7
Uma Nota do Autor 9
Prefácio do Treinador John Wooden 11
1 Quando Você Está Perdendo, Tudo Doi 15
2 Humildade: O Espírito do Aprendizado 29
3 Realidade: O Alicerce do Aprendizado 43
4 Responsabilidade: O Primeiro Passo
  para o Aprendizado 57
5 Aperfeiçoamento: O Foco do Aprendizado 71
6 Esperança: A Motivação do Aprendizado 83
7 Ensinabilidade: O Caminho para o Aprendizado 97
8 Adversidade: O Catalisador para o Aprendizado 111
9 Problemas: Oportunidades para o Aprendizado 123
10 Experiências Ruins: A Perspectiva
   para o Aprendizado 135
11 Mudança: O Preço do Aprendizado 147
12 Maturidade: O Valor do Aprendizado 163
13 Vencer Não É Tudo, mas Aprender Sim 175

Notas 185

1
Quando Você Está Perdendo, Tudo Dói

Meu amigo Robert Schuller perguntou uma vez: "O que você tentaria fazer se soubesse que não falharia?" Esta é uma grande e inspiradora pergunta. Quando a maioria das pessoas a ouvem, começam a sonhar novamente. Elas são motivadas a alcançar seus objetivos e arriscar mais.

Tenho uma pergunta que penso ser tão importante quanto: O que você aprende quando falha?

Enquanto as pessoas costumam estar prontas para falar sobre seus sonhos, não estão bem preparadas para responder sobre suas deficiências. A maioria das pessoas não gosta de falar sobre seus erros e falhas. Elas não querem confrontar suas perdas, têm vergonha delas. E quando falham, dizem alguma coisa trivial como "Às vezes você ganha, às vezes você perde". A mensagem é: "Tenha esperança de ganhar, espere perder e viva com o resultado".

O que há de errado nisso? Não é assim que pensam os vencedores!

As pessoas bem-sucedidas não veem a perda dessa forma. Elas não tentam varrer a falha para baixo do tapete. Elas não fogem das suas perdas.

Sua atitude nunca é *Às vezes você ganha, às vezes você perde*. Em vez disso, elas pensam: *Às vezes você ganha, às vezes você aprende*. Elas entendem que as maiores lições de vida vêm das nossas perdas — se as abordarmos da forma correta.

Essa Doeu de Verdade

Tenho vivido muitas vitórias na vida, mas também tenho tido mais do que minha porção de perdas. Algumas perdas não foram provenientes das minhas falhas. Entretanto, muitas foram por culpa minha, provenientes de más escolhas e erros estúpidos. Em 12 de março de 2009, cometi o erro mais estúpido de todos. Tentei passar pela segurança de um grande aeroporto com uma arma de mão em minha mala. Eu havia esquecido. Esse é um crime federal! Foi com certeza a maior burrada que já cometi. Eis o que ocorreu.

No sábado anterior, eu estava em Birmingham, Alabama, falando para a igreja de Highlands. É uma igreja maravilhosa com um líder maravilhoso chamado Chris Hodges. Ele é um bom amigo que serve na diretoria da EQUIP, uma organização não governamental sem fins lucrativos que fundei para ensinar a liderança internacionalmente. O pessoal do Chris é fantástico e passamos um final de semana incrível juntos.

Quando tenho um compromisso para falar, muitas vezes utilizo voos comerciais. Mas sempre que o compromisso não é muito longe de casa, significa que poderei voltar e dormir em minha cama, tento utilizar um voo particular. Foi o que aconteceu nesse compromisso com Chris em Birmingham.

Quando estava prestes a pegar o avião em um aeroporto para voltar para casa, um amigo do Chris que estivera conosco me deu um presente: uma pistola Bereta.

"Isto é para Margaret", disse ele, "para que ela se sinta segura enquanto você estiver viajando".

Tenho amigos que conhecem tudo sobe armas. Alguns caçam muito. Já cacei com amigos diversas vezes. Já usei rifles e espingardas, mas não sei muito sobre armas. E, para ser honesto, elas também não se interessam muito por mim. Não sou contra e nem a favor de armas. Apenas não penso muito sobre o assunto. E não sou uma pessoa técnica, mas sabia que a pistola havia sido um presente de coração, então aceitei e coloquei na maleta de mão.

Após a nossa aterrissagem, o piloto elogiou a arma e perguntou:

—Você sabe como carregá-la?

— Não tenho a mínima ideia — respondi.

— Deixe que eu faço para você — disse ele.

Ele carregou a arma, certificou-se de que estava segura e me devolveu. Coloquei de volta na minha maleta de mão e fui para casa.

E então esqueci o assunto.

Os dias que se seguiram foram muito ocupados para mim. Eu tinha compromisso de falar para um grande auditório em Dallas, e estava totalmente concentrado em me preparar para ele. Houve um breve momento quando estava trabalhando em minha lição em que pensei: *Oh, preciso me lembrar de tirar aquela arma da minha maleta.* Mas eu estava escrevendo, e não queria parar e cortar a linha de pensamento. Então pensei: *Mais tarde eu tiro.*

O tempo passou. Vida ocupada. Continuei trabalhando. Logo chegou a manhã de quinta-feira e lá fui eu para o aeroporto.

Se você tem a mesma idade que eu, deve se lembrar daquele personagem de desenho animado chamado Mr. Magoo. Ele era um homem que parecia vagar de perigo a perigo sem se machucar. Alguns amigos meus costumavam me chamar de Mr. Magoo. (Se você não tem idade suficiente para saber quem é o Mr. Magoo, talvez se lembre de Forest Gump. Alguns amigos também usam esse apelido para mim.)

Naquela quinta-feira, em meu pior momento Mr. Magoo, fui rapidamente para a segurança e coloquei minha maleta na esteira. Quando estava prestes a passar pelo detector de metal, lembrei da arma.

Em pânico gritei: "Tem uma arma aí! Tem uma arma aí!"

Verdade, essa foi uma das coisas mais estúpidas que já fiz. Eu me senti um idiota. E para piorar as coisas, muitas pessoas que estavam na segurança me conheciam, inclusive o operador do serviço de raios X. Ele disse: "Senhor Maxwell, sinto muito, mas tenho que informar isso". Pode acreditar, não foi surpresa. Eles pararam tudo. Desligaram a esteira, me algemaram e me levaram.

Acontece que o chefe da divisão da delegacia que preencheu a folha de informação também me conhecia. Demorou em torno de uma hora para completar o processo. Ao finalizar, ele olhou para mim, sorriu e disse: "Adoro os seus livros. Se eu soubesse que nos conheceríamos dessa forma, teria trazido para que você os autografasse".

"Se você me tirar dessa confusão, eu lhe dou livros autografados pelo resto da sua vida", respondi.

O policial que tirou a minha foto me conhecia. Quando me levaram para a sala onde ele trabalhava, ele disse: "Sr. Maxwell, o que está fazendo aqui?"

Ele tirou as algemas e disse ao outro policial que eu não precisava delas. Nem precisa dizer que não sorri para essa foto.

Avaliando a Perda

Imediatamente após ter sido solto sob fiança, reuni-me com meu advogado, que disse: "Nosso principal objetivo é manter isso em sigilo".

"Impossível", respondi, contando a ele sobre todas as pessoas que encontrei e que me conheciam durante a ocorrência do fato. Claro

Às Vezes Você Ganha, Às Vezes Você Aprende

que a notícia correu naquela noite. Em vez de contar às pessoas o que havia ocorrido e minimizar o dano público, antes que a notícia fosse dada, eu postei no Twitter a seguinte mensagem: *Definição de Estúpido: Receber uma arma de presente; esquecê-la na bagagem de mão e ir para o aeroporto. A segurança não gostou!*

> "Quando dou ouvidos aos meus erros, eu cresço."
>
> – Hugh Prather

Com frequência em minha vida não tenho sido cuidadoso o suficiente. Eu poderia ter guardado a arma em outro lugar. Logo após a segurança ter encontrado a arma, comecei silenciosamente a passar um sermão em mim mesmo sobre meu descuido. As palavras de Hugh Prather aplicam-se perfeitamente: "Algumas vezes reajo aos erros que cometo como seu eu tivesse traído a mim mesmo. Meu medo de errar parece estar baseado na presunção oculta de que sou potencialmente perfeito, e que se conseguir ter muito cuidado não cairei do céu. Mas o erro é a declaração de como sou, um choque na forma como eu quero as coisas, um lembrete de que não estou lidando com os fatos. Quando dou ouvidos aos meus erros, eu cresço".

As palavras *seja cuidadoso* têm sido a lição que tirei dessa experiência. Erros são aceitáveis contanto que os danos não sejam muito grandes. Ou, como dizem no Texas, "Não importa quanto leite você derrame, contanto que não perca sua vaca!"

Estou certo de que estamos todos a um passo da estupidez. Eu poderia ter "perdido a minha vaca" com esse incidente. Ninguém vive tão bem a ponto de não fazer algo estúpido. E o que levou uma vida inteira para ser construir tem o potencial de se perder em um momento. Minha esperança era que uma vida construída com integridade sobreporia um ato de estupidez.

Felizmente, assim que a história veio a publico, meus amigos começaram a agir para me apoiar. Por saber que as pessoas começariam a fazer perguntas sobre o assunto, imediatamente escrevi em meu blog, Johnmaxwellonleadership.com, em um post chamado "Tão Estúpido quanto Parece". As manifestações de apoio foram massivas. Suas palavras de encorajamento e orações certamente me animaram.

Outros amigos utilizaram o bom humor. Ao falar na Crystal Cathedral, Gretchen Schuller disse: "John, os seguranças querem fazer uma revista em você antes da sua palestra". Bill Hybels me escreveu: "Escândalo sem sexo? Sem dinheiro? Entediante..."

Angela Williams enviou um e-mail para a minha assistente, Linda Eggers, com essas palavras: "Fale para o John que ele é meu herói. Ele subiu no meu conceito. Venho de uma linhagem de caipiras. Homens e mulheres sempre carregando suas pistolas. A mãe do Art foi presa no aeroporto de Atlanta nos anos 80 por trazer em sua grande bolsa uma pistola tipo Eastwood... ela também se esqueceu de guardar".

E Jessamyn West ressaltou: "É fácil perdoar os erros das pessoas; difícil é perdoá-las por terem presenciado o seu".

Então comecei a receber sugestões de pessoas para títulos do meu próximo livro, incluindo:

- Desenvolvendo o Gangster dentro de Você
- 21 Leis Irrefutáveis da Segurança de Aeroportos
- 21 Motivos Refutáveis e Irrefutáveis porque não Esquecer sua Arma na Maleta de Mão quando for para o Aeroporto
- Liderando em Meio à Gangue
- Tem Arma, Vai Viajar

Hoje me sinto feliz, pois esse incidente foi encerrado pelo tribunal e apagado da minha ficha. Posso rir sobre o fato. Na verdade, não muito depois do ocorrido, criei um lembrete para mim mesmo do fato que na vida você às vezes vence, às vezes você aprende. Costumo levá-lo em minha bagagem de mão (em vez da pistola). É um cartão laminado. De um lado é a capa da revista *Success Magazine* de abril de 2009. Saí naquela capa e estou ótimo! Sorriso de um milhão de dólares. Terno azul. Postura de sucesso e confiança. Meio milhão de pessoas compraram a revista, viram minha foto e leram minhas palavras sobre sucesso.

Do outro lado está a foto da delegacia. Foi tirada apenas duas semanas após a edição da revista ter ido às bancas! Sem sorriso de um milhão de dólares. Sem terno azul, apenas suor. Falta de postura e olhar completamente desanimado. Isso serve para mostrar a curta distância entre a cobertura e a tapera.

Por que as Perdas Doem Tanto?

Na vida, às vezes você vence. Quando eu era jovem, jogava basquete e era muito competitivo. Eu gostava de vencer, e detestava perder. Depois dos meus 20 anos, fui a uma reunião de classe onde joguei contra outros ex-jogadores. Estávamos todos ansiosos para provar que ainda podíamos jogar no mesmo nível, e acabou sendo um jogo muito físico. Como queria vencer, fui muito agressivo. Depois de jogar um oponente no chão, ele gritou frustrado: "Dá um tempo, é apenas um jogo!"

Minha resposta: "Então me deixe vencer".

Não tenho exatamente orgulho disso, mas acho que ilustra o quanto muitos de nós querem vencer. Quando vencemos, nada dói; quando perdemos, tudo dói. E a única vez que você ouve alguém usar a frase "É só um jogo" é quando essa pessoa está perdendo. Pense nas perdas da sua vida e como elas fizeram você se sentir. Nada bem. E não é apenas a dor do momento que nos afeta. Nossas perdas também nos causam outras dificuldades. Eis algumas:

1. As Perdas Fazem com que Fiquemos emocionalmente Estagnados

O autor e palestrante Les Brown diz: "Os bons momentos guardamos no bolso. Os maus momentos guardamos no coração". Descobri que isso acontece na minha vida. Ainda trago em meu coração alguns maus momentos. Acredito que você também. As experiências negativas nos afetam de modo mais profundo do que as positivas, e se você for como eu, pode ficar emocionalmente estagnado.

> "Os bons momentos guardamos no bolso. Os maus momentos guardamos no coração."
> – Les Brown

Recentemente tive essa experiência, após cometer um erro tolo. Ron Puryear, um amigo maravilhoso, me convidou para ficar alguns dias em sua bela casa às margens de um rio em Idaho para que eu pudesse me isolar um pouco e começar a escrever este livro. O local é inspirador e perfeito para pensar e escrever.

A vista é espetacular, contemplando uma linda área de água com montanhas cobertas de árvores ao fundo. Já que eu tinha algumas palestras para fazer em Spokane, Edmonton e Los Angeles, todas cidades ocidentais, decidi aceitar sua oferta.

Meu genro Steve e nosso amigo Mark também foram, pois iriam me acompanhar a Edmonton, Canadá. Ao entrarmos no carro em Spokane, Washington, para irmos ao aeroporto, Steve perguntou: "Estamos todos com nossos passaportes?" Meu coração parou! Esqueci o meu!

Porém essa não era uma simples tarefa de dar meia volta e buscá--lo. Eu estava no meio-oeste e meu passaporte estava na Flórida, mais de três mil e duzentos quilômetros de distância. Em seis horas eu deveria estar falando em Edmonton.

Comecei a ficar enjoado. O que fazer? Como uma pessoa experiente, um viajante internacional como eu, poderia cometer um erro tão tolo? Eu me senti um idiota. Steve, Mark, minha assistente Linda e eu tentamos resolver o problema pelas próximas duas horas. Cada minuto que passava revelava que meu problema era enorme. Eu sabia que não poderia subir no avião com destino ao Canadá sem meu passaporte (Acredite, eu perguntei!) Também descobri que não conseguiríamos receber o passaporte a tempo via aérea. Tampouco algum membro da família poderia pegar um voo comercial na Flórida e trazer a tempo. Eu não poderia cumprir meu compromisso naquela noite. A situação parecia impossível de ser resolvida.

Finalmente, após muito trabalho e pensamento criativo, encontramos uma solução. Nosso anfitrião em Edmonton concordou em transferir o compromisso daquela noite para o dia seguinte. Enquanto isso, contratamos um jato particular para voar da Flórida para Spokane com meu passaporte em um dos seus assentos, como se fosse um passageiro. Como me senti estúpido.

À meia-noite, quando o avião chegou, subimos a bordo e continuamos até Edmonton. Chegamos na manhã seguinte e eu estava lá para os compromisso em que deveria falar. Conseguimos.

A boa notícia era que havíamos resolvido o problema. A má notícia era que o preço para consertar meu erro foi de 20 mil dólares!

Passei o restante do dia estagnado. Ficava me perguntando:

Como um viajante veterano como eu pôde cometer um erro tão primário?

Quanto trabalho dei às pessoas que precisaram transferir a reunião?

Por que não pensei no passaporte vinte e quatro horas antes para que tivesse me custado algumas centenas de dólares e não milhares?

Todos esses pensamentos e questionamentos me exauriram emocionalmente. Para tentar me animar, tomei um milk shake (doce para consolar), fui nadar e tentei descansar. Mas não importava o que fizesse, ainda continuava me reprovando por ter sido tão idiota. Eu me senti um escravo do meu humor e sentimentos.

Normalmente processo os erros e falhas muito rápido, mas naquele momento não me senti livre para isso. Estava sendo difícil quebrar minha autoimposta prisão dos "E se". Hoje consigo rir disso; mesmo assim, ainda me sinto um tolo por ter esquecido algo tão básico.

Dizem que se um transatlântico pudesse pensar e sentir, ele nunca deixaria o porto. Ele teria medo das milhares de ondas enormes que teria que enfrentar durante suas viagens. Ansiedade e medo são emoções que debilitam o coração humano. As perdas também. Elas podem enfraquecer, aprisionar, paralisar, desanimar e nos enjoar. Para vencermos, precisamos nos libertar emocionalmente.

2. As Perdas nos Derrotam Mentalmente

A vida é uma sucessão de perdas, começando com a perda de calor e conforto no útero que nos alimentou durante os primeiros nove meses da nossa existência. Na infância perdemos o luxo da total dependência das nossas mães. Perdemos nossos brinquedos favoritos. Perdemos dias dedicados a brincar e explorar. Perdemos o privilégio de perseguir os prazeres irresponsáveis da mocidade. Nós nos separamos da proteção das nossas famílias e assumimos responsabilidades adultas. No curso de nossa vida adulta, perdemos trabalhos e posições. Nossa autoestima é atingida. Perdemos dinheiro. Perdemos oportunidades. Amigos e familiares morrem. E nem queremos falar sobre perdas físicas à medida que envelhecemos! Perdemos tudo isso e muito mais, até que finalmente enfrentamos a perda final — a própria vida. Não se pode negar que nossa vida seja cheia de perdas. Algumas grandes, outras pequenas. E as perdas que enfrentamos afetam nossa saúde mental. Algumas pessoas lidam bem com elas, outras não.

A qualidade que distingue uma pessoa bem-sucedida de outra malsucedida que de outra forma seriam iguais é a capacidade de gerenciar perdas e decepções. Isso é um desafio porque as perdas com frequência podem nos afetar mentalmente. Sei que precisei travar essa batalha. Quando isso acontece, nosso pensamento fica parecido com o de Harry Neale, o treinador dos Vancouver Canucks nos anos 80. Ele disse: "Ano passado não conseguimos vencer na estrada e este ano não conseguimos vencer em casa. Não sei mais onde jogar!"

Com frequência a perda nos sobe à cabeça. Ela nos derrota e fica difícil encontrarmos soluções para nossos desafios. À medida que as perdas se acumulam, elas se tornam um fardo. Nós nos arrependemos das perdas de ontem. Tememos as perdas de amanhã. O arrependimento suga nossa energia. Não conseguimos construir com o arrependimento. O medo do futuro nos distrai e nos enche de apreensão.

Queremos sucesso, mas em vez disso deveríamos treinar para as perdas. O autor J. Wallace Hamilton ecoou isso ao escrever para a revista *Leadership*: "O aumento dos suicídios, do alcoolismo e até mesmo algumas formas de ataques de nervos é a evidência de que muitas pessoas estão treinando para o sucesso enquanto deveriam estar treinando para o fracasso. O fracasso é muito mais comum

> A qualidade que distingue uma pessoa bem-sucedida de outra malsucedida que de outra forma seriam iguais é a capacidade de gerenciar perdas e decepções.

do que o sucesso; a pobreza prevalece sobre a riqueza, e a decepção é mais comum do que a realização". Precisamos esperar erros, falhas e perdas em nossa vida, uma vez que cada um de nós enfrentará muitas delas. Mas precisamos lidar com elas assim que chegam e não permitir que se desenvolvam. Como disse William A. Ward, "O homem, como a ponte, foi designado para carregar o peso por um momento, não para acumular o peso do ano todo de uma vez".

3. As Perdas Criam uma Fenda entre "Eu Devia" e "Eu Fiz"

Vencer cria um ciclo positivo em nossa vida. Ao vencermos, ganhamos confiança. Quanto mais confiança temos, mais provável é que tomemos uma atitude quando necessário.

Essa inclinação de mover-se do saber para o agir costuma trazer sucesso.

Entretanto, perder também pode criar um ciclo em nossa vida — um ciclo negativo. As perdas, especialmente quando acumuladas, podem levar à insegurança. Quando somos inseguros, duvidamos de nós mesmos. Ela faz com que hesitemos ao tomar decisão. Quando tal fenda é criada e não vencida, o sucesso torna-se quase impossível.

Ao refletir sobre minhas perdas e pensar sobre como elas me afetam, vejo que em alguns momentos elas me prenderam. Acho que isso costuma acontecer com outras pessoas também. Eis onze armadilhas nas quais as pessoas caem:

- **A Armadilha do Engano:** "Acho que estou fazendo algo errado." As perdas nos atrasam.
- **A Armadilha da Fadiga:** "Estou cansado hoje." As perdas nos exaurem.
- **A Armadilha da Comparação:** "Alguém é mais bem qualificado do que eu." As perdas fazem-nos sentir inferiores aos outros.
- **A Armadilha do Momento:** "Este não é o momento certo." As perdas nos fazem hesitar.
- **A Armadilha da Inspiração:** "Eu não me sinto bem fazendo isso agora." As perdas nos desmotivam.
- **A Armadilha da Racionalização:** "Talvez isso não seja tão importante." As perdas nos fazem perder a perspectiva.
- **A Armadilha da Perfeição:** "Existe uma forma melhor de fazer isso e preciso descobrir antes de começar." As perdas nos fazem questionar a nós mesmos.

- **A Armadilha da Expectativa:** "Pensei que seria fácil, mas não é." As perdas realçam as dificuldades.
- **A Armadilha da Justiça:** "Eu não deveria ser a pessoaa fazer isso." As perdas nos fazem perguntar: "Por que eu?"
- **A Armadilha da Opinião Pública:** "Se eu falhar, o que os outros vão pensar?" As perdas nos paralisam.
- **A Armadilha da Autoimagem:** "Se eu falhar, significa que sou um fracasso." As perdas afetam negativamente a forma como nos enxergamos.

Todas essas armadilhas são causadas pelas perdas e todas elas criam uma fenda entre saber e fazer. Se desejamos ser bem-sucedidos, precisamos construir uma ponte sobre essa fenda.

4. A Primeira Perda não Costuma Ser a Maior

Ao experimentarmos a perda, temos uma opção. Se reagimos imediatamente da forma correta, a perda torna-se menor para nós. No entanto, se reagimos da forma errada, ou se nada fazemos, a perda torna-se enorme. E ela costuma levar a outras perdas. À medida que as outras perdas acontecem, elas parecem cada vez maiores, batendo em nós como ondas em uma violenta tempestade. Com o crescimento do número de perdas, nossa autoconfiança diminui.

Pioramos as coisas quando nos comparamos a outras pessoas, pois raramente fazemos isso de forma justa. Nós comparamos o nosso melhor, incluindo nossas boas intenções, ao pior de alguém, ou comparamos o nosso pior com o melhor de alguém. Isso pode levar a um ciclo negativo de diálogo interno. Mas existe algo que você precisa saber:

A pessoa mais importante com quem você já falou é você mesmo, então seja cuidadoso com o que fala.

A pessoa mais importante que você avaliará é você mesmo, então cuidado com o que pensa.

A pessoa mais importante que você amará é você mesmo, então tenha cuidado com o que faz.

> A pessoa mais importante com quem você já falou é você mesmo, então seja cuidadoso com o que fala.

A escritora Kripalvananda disse: "Meu amado filho, não entristeça mais o seu coração. Cada vez que você julga a si mesmo, fere seu próprio coração". Acredito que em momentos de perda seja fácil encontrar-se pensando sobre como poderíamos ou deveríamos ter feito as coisas de forma diferente. Nosso diálogo interno pode se tornar muito negativo. Quanto mais negativo ele se torna, maior parecem ser nossas perdas para nós mesmos. Se nosso diálogo interno for rancoroso, destrutivo ou que produza culpa, tornamo-nos ainda mais incapazes de nos libertar do ciclo negativo.

Se pudermos vencer uma perda recente e não permitir que seja ampliada, isso pode nos ajudar a prosseguir. Nem sempre é fácil fazer isso, mas mesmo alguém que já enfrentou uma grande perda pode aprender. Li uma vez que o general Robert E. Lee visitou uma linda casa de uma rica viúva no Kentucky após a Guerra Civil. Durante a visita, ela lhe mostrou o que restara da magnífica velha árvore que havia sido muito atingida pela artilharia de fogo Union. A mulher contou a Lee sobre o impacto dessa perda para ela, esperando a simpatia dele. Ao contrário, após uma longa pausa ele aconselhou: "Derrube-a, minha querida senhora, e esqueça".[1] Ele a aconselhou a prosseguir. Nós também precisamos aprender como fazer o mesmo de forma positiva.

5. Nunca Somos os Mesmos Após as Perdas

Os treinadores de times de esportes vivem em um mundo de vitórias e derrotas. O legendário treinador de futebol americano Knute Rockne disse: "Uma perda é boa para a alma. Muitas perdas não faz bem para o treinador". E o administrador da liga principal Paul Richards disse: "Se você pode dizer que a moral do seu clube é boa após perder dez de doze jogos, então seu nível de inteligência está um tanto baixo". Porém você não precisa ser um técnico ou jogar em algum time para sentir o impacto da perda.

Lembro-me bem de uma sessão de aconselhamento que tive há alguns anos com um homem que estava brigado com seu irmão. Eles não se falavam há anos. Ao ouvir meu cliente e conversar com ele, pude sentir a raiva crescendo nele com essas palavras: "Veja o que ele fez comigo. Veja o que ele fez comigo!"

Em silêncio, esperei que ele se acalmasse e estivesse pronto para ouvir. Eu disse calmamente: "Veja o que você está fazendo com você mesmo!"

Ele foi prejudicado? Sim! Mas ele estava tornando essa experiência ruim ainda pior.

O número ou gravidade das nossas perdas não é tão importante quanto a forma como você vive tais perdas. Sim, todas as perdas doem. E elas causam impacto em nós, um impacto raramente positivo. As perdas nos modificam. Mas não podemos per-

> "Se você pode dizer que a moral do seu clube é boa após perder dez de doze jogos, então seu nível de inteligência está um tanto baixo."
>
> – Paul Richards

mitir que elas nos controlem. Não podemos permitir que o medo de parecermos tolos ou incompetentes nos paralise. Não podemos permitir que o medo das consequências negativas nos impeça de correr riscos. Permitir que experiências negativas do passado deformem o seu futuro é como viver em um caixão. Elas colocam uma tampa em você e podem encerrar a sua vida.

Uma antiga lenda grega conta sobre um atleta que corria bem, mas chegou em segundo lugar na corrida mais importante. A multidão celebrou o vencedor e eventualmente ergueu uma estátua em sua honra. Enquanto isso, o homem que havia chegado em segundo lugar começou a achar que era um perdedor. A inveja o corroeu. Ele não conseguia pensar em mais nada além de derrota e seu ódio pelo vencedor que o havia ultrapassado. Todos os dias ele via a estátua que o lembrava da sua perda de oportunidade para a glória. Então decidiu destruí-la.

Certa noite, bem tarde, ele fez um sulco na base da estátua para enfraquecê-la. Ele voltou nas noites subsequentes, trabalhando aos poucos. Mesmo assim a estátua permaneceu em pé. A cada dia ele ficava mais irritado. Então, certa noite, ao dar uma machadada com raiva, ele exagerou. A pesada estátua de mármore quebrou. Ela caiu em cima dele com todo o seu peso, tirando-lhe a vida instantaneamente. Ele transformou sua perda menor em uma fatal.

Como uma pessoa pode minimizar um dano negativo das perdas debilitantes? Primeiro, libertando-as emocionalmente. Em 1995, quando Jerry Stackhouse era um novato na NBA de Filadélfia, perguntaram-lhe sobre a sua vida agora que ele estava jogando basquete profissional. Sua resposta: "Vença e esqueça. Perca e esqueça". Se queremos vencer a adversidade e nos guardarmos de sermos derrotados pelas nossas perdas, precisamos deixá-las para trás. E então precisamos aprender com elas.

Transformando a Perda em Ganho

Se você vai perder — e vai, porque todo o mundo perde —, então por que não transformá-la em ganho? Como é possível? Aprendendo com ela. Uma perda não é total se você aprende algo como resultado. Suas perdas podem definir se você permitir. Se você ficar onde a derrota o colocou, então eventualmente pode ficar preso lá. Mas saiba disso: suas escolhas demonstrarão quem é você. Você pode escolher mudar, crescer e aprender com as suas perdas.

Isso, é claro, não é necessariamente fácil. Em uma tirinha de humor chamada *Peanuts*, Charlie Brown se afasta da Lucy em um jogo de basquete, cabeça baixa, totalmente deprimido.

— Outro jogo perdido! Que chato! — reclama Charlie. — Estou cansado de perder. Tudo que eu faço eu perco! —Veja desta forma, Charlie Brown — responde Lucy. — Aprendemos mais quando perdemos do que quando ganhamos.

— Isso faz de mim a pessoa mais esperta do mundo! — responde Charlie.

É um bom pensamento, mas nem todos aprendem com as suas perdas. A perda não se transforma em lição a menos que trabalhemos muito para isso. Perder nos proporciona uma oportunidade de aprendizado, mas muitas pessoas não enxergam isso. E quando elas não enxergam, ficam *realmente* feridas.

Aprender nos piores momentos não é fácil, pois requer que façamos coisas que não são naturais. É difícil sorrir quando não estamos felizes. É difícil responder de forma positiva quando aturdidos pela derrota. É preciso disciplina para fazer a coisa certa quando tudo vai mal. Como podemos ser emocionalmente fortes quando estamos emocionalmente exaustos? Como enfrentaremos outras pessoas ao nos sentirmos humilhados? Como nos levantarmos quando somos continuamente derrubados?

Escrevi este livro para responder a essas e outras perguntas sobre aprendizado nas derrotas, pois acredito que ele pode ajudá-lo. Meu objetivo principal na vida é adicionar valor às pessoas. Espero que este livro adicione valor a você, ensinando-o como aprender com as suas perdas. A maioria de nós precisa de alguém para nos ajudar a descobrir como fazer isso. Se este é o seu desejo — tornar-se um aprendiz com as perdas — você precisa mudar a forma como encara as perdas, cultivando qualidades que o ajudem a reagir a elas, e desenvolvendo a habilidade de aprender com elas. Creio que você pode fazer isso usando este roteiro:

> Perder nos proporciona uma oportunidade de aprendizado, mas muitas pessoas não enxergam isso. E quando elas não enxergam, ficam realmente feridas.

Humildade: O Espírito do Aprendizado

Realidade: O Alicerce do Aprendizado

Responsabilidade: O Primeiro Passo para o Aprendizado

Aperfeiçoamento: O Foco do Aprendizado

Esperança: A Motivação do Aprendizado

Ensinabilidade: O Caminho para o Aprendizado

Adversidade: O Catalisador para o Aprendizado
Problemas: Oportunidades para o Aprendizado
Experiências Ruins: A Perspectiva do Aprendizado
Mudança: O Preço do Aprendizado
Maturidade: O Valor do Aprendizado

Inácio de Loyola, um dos maiores educadores do mundo, disse certa vez que aprendemos apenas quando estamos prontos para isso. À medida que tenho viajado e conhecido líderes por todo o mundo, observei duas coisas. Primeiro, a maioria das pessoas está enfrentando tempos difíceis. A ideia para este livro realmente me ocorreu quando eu dava uma palestra em meio a uma turnê pela Ásia. Eu podia sentir que as pessoas estavam com problemas, e queria encontrar uma forma de ajudá-las a navegar por águas difíceis. Segundo, nunca vivi um tempo como este, quando tantas pessoas estão abertas não somente ao aprendizado, mas também a reexaminar seus valores e prioridades. Se você enxerga as coisas da maneira certa, as perdas são oportunidades para mudar e melhorar.

Pode ser que você esteja em um momento de sua vida em que já sofreu algumas perdas e está agora pronto para aprender. Emmet Fox disse que as dificuldades chegam até a pessoa no momento certo de ajudá-la a crescer e prosseguir ao vencê-las. "O único infortúnio", observou ele, "a única verdadeira tragédia acontece quando sofremos sem aprender a lição".

Vamos tentar aprender juntos algumas dessas lições para que possamos dizer "Às Vezes Você Ganha, às Vezes Você Aprende".

2

Humildade: O Espírito do Aprendizado

Você já notou a facilidade como algumas pessoas se recuperam das perdas? Elas aprendem e tornam-se ainda melhor do que antes! Enquanto isso, outros parecem que falham, caem e nunca mais se levantam. Após experimentarem algo negativo, você pode realmente ver o início da queda livre. E não importa o quanto queira ajudá-los, você não pode. Eles não aprendem com seus erros.

Qual a diferença entre esses dois tipos de pessoas? Não creio que seja a oportunidade, o *status* social, o grau da adversidade ou outra coisa fora do seu controle. A diferença é interna. É o espírito do indivíduo. Aqueles que se beneficiam da adversidade possuem um espírito de humildade e, assim sendo, inclinado para fazer as mudanças necessárias para aprender com seus erros, falhas e perdas. Eles ficam em situação que contrasta com as pessoas orgulhosas que são incapazes de permitir que a adversidade seja seu professor e, como resultado, falham em aprender.

O Orgulho Precede a Queda

Todos passam por adversidades. Elas tornam algumas pessoas humildes. Outras ficam endurecidas. E elas carregam esse espírito aonde quer que vão. É trágico para os que se permitem ficar endurecidos, pois é difícil uma pessoa endurecida aprender alguma coisa. Ezra Taft Benton fez a seguinte observação: "O orgulho preocupa-se com quem está certo. A humildade preocupa-se com o que está certo". Essa é uma descrição precisa. O orgulho faz com que as pessoas se justifiquem, mesmo quando sabem que estão erradas. E isso é só

> "O orgulho preocupa-se com quem está certo. A humildade preocupa-se com o que está certo."
> – *Ezra Taft Benton*

o começo? Dê uma olhada no impacto negativo que o orgulho pode deixar em uma pessoa:

Culpa: Em vez de assumir a responsabilidade, o orgulhoso culpa outras pessoas. Ele acredita que a culpa é de outro sempre que as coisas não estão dando certo para eles.

Negação: Em vez de ser objetivo e realista, eles não enfrentam a realidade. O líder orgulhoso de um negócio escolherá ignorar o que é óbvio a todos. O membro orgulhoso de uma família disfuncional vai racionalizar o seu comportamento e o das outras pessoas.

Mente Fechada: Em vez de ser mente-aberta e receptiva, a pessoa orgulhosa fica na defensiva e contra novas ideias. Elas dizem: "Sempre fizemos assim", e demonstram pouco interesse em inovação ou melhora.

Rigidez: Em vez de ser flexíveis, as pessoas orgulhosas são rígidas. Elas dizem: "Ou fazemos do meu jeito ou estou fora". Os fantasmas do seu passado, até mesmo o sucesso passado, os assombram e os impedem de prosseguir.

Insegurança: As pessoas orgulhosas incham a si mesmas e esvaziam as outras pessoas porque são inseguras. Elas tomam o crédito pelo sucesso e culpam os outros. Quando pessoas inseguras estão em posição de liderança, em vez de incentivar o espírito de equipe elas criam uma moral fraca e afastam as melhores pessoas.

Isolamento: Em vez de estarem conectadas — consigo mesmas, com suas famílias, suas comunidades, seus clientes e fregueses, as pessoas orgulhosas se acham intocáveis. O orgulho faz com que as pessoas pensem que tudo gira em torno delas quando, na verdade, está relacionado a outras pessoas.

Alguma dessas descrições se aplica a você? Sinto dizer que em meus anos formativos de liderança eu não possuía a humildade necessária para me encher do espírito de liderança. Na verdade, eu era exatamente o oposto: eu era orgulhoso, competitivo e queria sempre vencer. Quando vencia, eu era insuportável. Se eu vencesse alguém, dizia para a pessoa que venci. E contava para todo o mundo que eu tinha vencido. Eu irritava a todos. O pior é que eu nem percebia isso. Não percebia quão impossível de ensinar eu era até que meus amigos me deram de presente uma camiseta com a frase "É difícil ser humilde quando se é tão bom quanto eu". Todos riram ao me presentear, mas suspeitei que estavam tentando me dizer a verdade.

Mais tarde me aproximei de uma das pessoas presentes e perguntei se eu era mesmo daquele jeito. "Sim", disse ela, "você é assim. Mas nós o amamos e sabemos que você pode mudar". Aquilo abriu meus olhos. Suas palavras bondosas entraram em mim e me convenceram. Decidi tentar mudar minha atitude de sabe-tudo para aprendiz.

Aquela decisão levou algum tempo para ser implementada — dois ou três anos. As pessoas arrogantes não ficam humildes rapidamente. Mas esse foi o início da mudança em mim, um desejo de abraçar a humildade que torna possível o aprendizado. Ainda sou confiante, mas trabalho cada dia para impedir que essa confiança torne-se uma barreira para minha habilidade de aprender.

Você pode já ser uma pessoa humilde que possui um espírito de aprendizado. Se esse for o caso, fantástico. Mas se não, eis aqui uma boa notícia: você pode mudar. Se eu mudei, você também pode. Se não estiver certo quanto a sua humildade — se os seus amigos não o presentearam com aquela camiseta — talvez isso possa ser um empecilho. Kirk Hanson, professor universitário e diretor executivo do Centro Makkula de Ética Aplicada na Santa Clara University, oferece uma lista de características demonstradas pelos líderes não ensináveis. Ele diz que essas características costumam ser o calcanhar de Aquiles dos líderes. Acredito que também se apliquem a todos que não possuem o espírito do aprendizado. Fiz algumas pequenas alterações, apresentando-as como perguntas para que possa ver qual delas se aplica a você.

• Você tende a acreditar que sabe tudo?
• Você pensa que deveria estar no controle?
• Às vezes acredita que as regras não se aplicam a você?
• Você acredita que não deveria falhar?
• Você tende a acreditar que pode fazer tudo sozinho?
• Você acredita ser melhor do que os outros com menos talento ou *status*?
• Você acredita ser tão importante quanto a empresa, ou até mais importante que ela?

Se sua resposta foi positiva para muitas dessas perguntas, talvez você não tenha o espírito do aprendizado. Por favor, não desanime. Se começou mal, não se preocupe. Você pode mudar. Lembre-se; é o final, e não o início, que mais conta na vida.

Lembre-se; é o final, e não o início, que mais conta na vida.

O Bom Torna-se o Melhor por meio da Humildade

Pessoas com muito talento costumam apresentar-se em um nível muito alto, mas o melhor — o absoluto melhor dos melhores — alcança as alturas, pois possui o espírito do aprendizado. Recentemente fui lembrado disso ao ouvir uma história de um dos meus heróis: John Wooden. O ex-técnico da liga de basquete UCLA é uma lenda. Ele ganhou todos os prêmios e reconhecimentos em sua profissão. Ele foi a primeira pessoa indicada para o Hall da Fama do basquete tanto como jogador quanto como técnico.[1]

Wooden era muito talentoso — tão talentoso, na verdade, que corria o risco de ser orgulhoso e incapaz de receber ensino. Crescendo, ele sempre foi o melhor jogador do seu time, e levou seu time do Ensino Médio a três campeonatos estaduais. Mas ele foi feliz ao aprender logo cedo uma lição que o ajudou a desenvolver o espírito de humildade. Wooden explicou:

Eu havia esquecido meu uniforme e não queria correr mais de um quilômetro até a nossa fazenda para buscá-lo antes do jogo de basquete da tarde. Além do mais, eu era o melhor jogador do time — eu tinha certeza de que o treinador nunca me deixaria no banco. Eu estava errado.

Quando ficou claro que eu não poderia jogar sem o uniforme, tentei convencer um colega de time a buscá-lo para mim. Afinal, eu era a estrela, certo? Por que não pedir um favor ou dois para um dos esquenta-banco? Não admira que com aquela atitude o jogo teve início sem mim. Quando tentei argumentar com o treinador, pedindo que ele me deixasse jogar, pois estava claro que seríamos derrotados com essa nova formação do time, ele simplesmente disse: "Johnny, existem algumas coisas mais importantes do que vencer".

Algumas coisas são *mais importantes do que vencer?* Não são muitos os treinadores que poderiam convencer um garoto de 13 anos a acreditar nisso. Mas enquanto estava miseravelmente sentado no banco do reservas, assistindo ao meu time perder, percebi que talvez o treinador Warriner estivesse certo. Talvez eu realmente precisasse levar um ou dois sustos. À medida que fui crescendo, guardei essa experiência e acabei valorizando o seu significado. As lições de vida sobre responsabilidade e humildade que eu precisava aprender deixaram uma marca na coluna de perdas do livro de registro do time da escola. E no início do segundo tempo, o treinador me deixou jogar.[2]

Mesmo sendo um menino de 13 anos, Wooden possuía todas as qualidades que Kirk Hanson descreve nos líderes arrogantes. Ele pensou que era melhor do que os outros, que não tinha que jogar sob as mesmas regras que seus companheiros, que o time não jogaria sem ele, que ele *era* o time. Felizmente, ele possuía um treinador que acreditava existirem coisas mais importantes do que vencer, tal como aprender. E felizmente para Wooden, ele aprendeu a lição logo cedo. Acredito ser esse um dos motivos-chave de ele ser ótimo. Aquela lição sobre humildade influenciou Wooden tanto em sua vida quanto como treinador, e fez dele um aprendiz para o resto da vida. Seu espírito de aprendizado permitiu que ele fizesse perguntas que muitos treinadores não estavam dispostos a fazer. Isso o inspirou a manter os valores que outros estavam tentados a comprometer. Isso o habilitou para demonstrar graça em meio à vitória, coisa que os outros raramente fazem. É por isso que ele queria ser lembrado, não pelos seus campeonatos, mas por alguém que fez o seu melhor para ensinar a seus jogadores coisas importantes na vida.

Como o Espírito Certo o Ajuda a Aprender

John Wooden compreendeu que às vezes você vence, às vezes você aprende — mas somente quando se tem um espírito humilde. A humildade é fundamental para todas as pessoas que aprendem com suas vitórias e perdas. Ela é a chave para o sucesso no seu mais alto nível. *O quê?*, você pode estar pensando. *Discordo! Posso citar dezenas de pessoas que fizeram enormes conquistas com atitude arrogante.* Eu também. Mas o que elas *poderiam* ter conseguido caso tivessem o espírito de aprendizado? Talvez tivessem sido ainda melhores. A humildade abre a porta do aprendizado como também para níveis ainda mais elevados de realizações. Eis o motivo:

1. A Humildade nos Permite Possuir a Verdadeira Perspectiva de nós Mesmos e da Vida

O autor e consultor Ken Blanchard diz: "Humildade não significa que você pensa menos sobre si mesmo. Significa que você pensa menos em si mesmo". Quando focamos muito em nós mesmos, perdemos a perspectiva. A humildade nos permite recobrar a perspectiva e enxergar todo o quadro. Ela faz com que percebamos que podemos estar *no* quadro, mas não somos o quadro *todo*.

> "Humildade não significa que você pensa menos sobre si mesmo. Significa que você pensa menos em si mesmo."
> – Ken Blanchard

Certa ocasião, tive o privilégio de passar um tempo com Billy Graham. Suas realizações como líder religioso são lendárias. Isso poderia fazer com que a pessoa perdesse a perspectiva, porém ele não parece ter sido afetado. O que mais me chama atenção sobre suas realizações é a humildade. Seu espírito é tipificado por um incidente que ocorreu dentro do elevador. Alguém o reconheceu e perguntou:

—Você não é o Billy Graham?
— Sim — respondeu Graham.
— Bem — disse o homem —, você é realmente um grande homem.
— Não, eu não sou um grande homem — respondeu Graham. — Apenas tenho uma grande mensagem.

Quando temos o espírito do orgulho em vez da humildade, ele embaça a nossa visão de nós mesmos e do mundo à nossa volta. Carl Jung, um psiquiatra pioneiro disse: "Através do orgulho estamos sempre nos decepcionando. Mas muito abaixo do nível da consciência, lá no fundo, uma voz nos diz: 'Alguma coisa está fora do tom'".

Quando a falta de humildade nos deixa "fora do tom", perdemos o foco do mundo. Perdemos a perspectiva e temos dificuldade em aprender. Como podemos descobrir nossas falhas ou as coisas que precisamos aprender quando não conseguimos *enxergá-las*?

A humildade abre os nossos olhos e alarga a nossa visão. Julgamos melhor quando não estamos focados em nos justificar ou parecermos bem. O grande jogador de beisebol Lou Brock disse: "Mostre-me um cara com medo de estragar sua aparência e eu lhe mostro um cara que você pode sempre derrotar". Por quê? Porque seus olhos estão fechados para tudo ao seu redor.

"Mostre-me um cara com medo de estragar sua aparência e eu lhe mostro um cara que você pode sempre derrotar."
– Lou Brock

É difícil termos uma visão correta de nós mesmos e mais difícil ainda é mantê-la. A humildade ajuda. John Wooden compreendeu isso, e trabalhou para ajudar seus jogadores a manterem uma perspectiva humilde.

Ele não queria que eles ficassem presos nem pela crítica nem pelos elogios, pois sabia que, merecendo ou não, eles sempre iriam odiar a crítica e amar o elogio.

"Sua força como indivíduo", Wooden costumava dizer-lhes, "depende da forma como você reage tanto à crítica quanto ao elogio. Se permitir que tanto um quanto o outro o afetem, certamente será ferido...Você tem pouco controle sobre quais críticas ou elogios são lançados em seu caminho. Engula tudo com um pouco de sal. Deixe que seu oponente se enrole com a opinião das outras pessoas, mas você não".[3]

A humildade promove o compromisso de ver as coisas como elas realmente são, de aprendizado e do desejo de melhorar. Enquanto o orgulho promove a mente fechada e busca sempre justificar-se, a humildade promove a mente aberta e o desejo de melhorar. A humildade coloca as coisas em perspectiva e, se permitirmos, ela também nos ajuda a ter um senso de humor melhor.

Certa vez, perguntaram a Winston Churchill, um dos maiores primeiros-ministros da Grã-Bretanha:
— Não é emocionante saber que toda vez que você faz um discurso o salão está superlotado?
— É emocionante — respondeu o político. — Mas sempre que me sinto assim, lembro-me que se em vez de fazer um discurso político eu estivesse sendo enforcado, a multidão seria duas vezes maior.[4]

2. A Humildade nos Habilita a Aprender e Crescer diante das Perdas

Quando as pessoas são humildes o suficiente para ter uma visão clara e realista de si mesmas, a sua visão também costuma ser clara e realista quando enfrentam seus enganos, falhas e outras perdas. A habilidade de ver claramente os prepara para aprender e crescer. O sucesso não está em eliminar nossos problemas e enganos, mas em crescer através deles e com eles. Elbert Hubbard descreveu o oposto quando disse: "A derrota é o homem que errou mas não consegue se beneficiar com essa experiência".

> O sucesso não está em eliminar nossos problemas e enganos, mas em crescer através deles e com eles.

Como uma pessoa humilde aprende com seus erros? Quando para e reflete. Tenho convicção de que a experiência não é o melhor professor, mas sim a experiência avaliada. Aprendi essa lição no livro de Eclesiastes, que afirma: "No dia da prosperidade, goza do bem, mas, no dia da adversidade, considera". Acredita-se que Eclesiastes foi escrito por Salomão, rei de Israel, conhecido como o homem mais sábio que já viveu. Quando alguém com esse tipo de sabedoria fala, todos nós temos que ouvir.

Pessoas sabiamente humildes nunca temem admitir que estão erradas. Quando admitem, é como dizer que hoje são mais sábias do que ontem. E é claro que existem outros benefícios. Como observou

Pessoas sabiamente humildes nunca temem admitir que estão erradas. Quando admitem, é como dizer que hoje são mais sábias do que ontem

o grande novelista americano Mark Twain, "sempre reconheça um erro francamente. Isso baixa a guarda dos que estão no controle e lhe dá a oportunidade de se comprometer mais".

Os erros podem ser nossos melhores professores. Se estivermos dispostos a admiti-los e aprender com eles, ganhamos em conhecimento e sabedoria. Podemos fazer isso sempre que paramos para refletir sobre eles perguntando:

O que deu errado?
Quando deu errado?
Onde deu errado?
Por que deu errado?
Quanto contribui para que desse errado?
O que posso aprender com essa experiência?
Como posso aplicar o que aprendi no futuro?

Fazer tais perguntas pode ser um processo longo e desconfortável, especialmente para pessoas orientadas para a ação. Mas sempre vale a pena. A humanidade está cheia de erros. A humildade permite que aprendamos com eles.

3. A Humildade nos Permite Abrir Mão da Perfeição e Continuar Tentando

Meu neto John, filho do meu filho Joel e sua esposa Liz, é uma criança maravilhosa. (Eu diria isso mesmo que não fosse meu neto!) Ele é muito esperto, mas tende a ser um pouco sério e perfeccionista. Para ajudá-lo com isso, seus pais compraram um livro para ele intitulado *Mistakes That Worked* [Erros que Deram Certo], de Charlotte Foltz Jones. Eles leem juntos, e o livro ajuda meu neto a compreender que ele não precisa ser perfeito para ser bem-sucedido.

No livro, Jones escreve:

Chame de acidentes. Chame de erros. Até mesmo acaso.

Se soubéssemos a verdade, ficaríamos maravilhados com o número de grandes invenções e descobertas acidentais, não planejadas e não intencionais.

Os inventores mencionados neste livro não eram apenas inteligentes, mas também estavam atentos. É fácil falhar e então abandonar toda a ideia. É mais difícil falhar, e então reconhecer outra utilidade para a falha...

Os inventores e descobridores mencionados neste livro deveriam ensinar a todos nós a lição bem colocada por Bertolt Brecht em 1920: "Inteligência não é não cometer erros, mas saber resolvê-los rapidamente".[6]

Uma das histórias favoritas de John no livro é sobre o farmacêutico John Pemberton de Atlanta, Geórgia. Em 1886, o farmacêutico queria desenvolver um novo remédio para clientes em potencial. Ele já tinha inventado "French Wine Coca — O Tônico Ideal para os Nervos, Restaurador da Saúde e Estimulante", o "Elixir de Limão e Laranja" e a tinta para cabelos "Dr. Pemberton's Indian Queen Magic Hair Dye". Dessa vez ele havia criado um novo medicamento para aliviar o cansaço, acalmar os nervos e aliviar as dores de cabeça.

Pemberton estava feliz com seu produto, um xarope misturado com água e servido gelado. Então ocorreu um feliz acidente. O seu assistente misturou a fórmula com água carbonatada. A bebida foi transformada. Pemberton não ficou muito orgulhoso em admitir que sua visão original para a bebida era inferior à criação do seu assistente, e como resultado ele decidiu não vender como remédio, mas em vez disso vendeu como bebida comum. Deu a ela o nome Coca-Cola.[7] Hoje, a Coca-Cola é a bebida não alcoólica mais popular do mundo.

4. A Humildade nos Permite Tirar o Melhor dos nossos Erros

Isso nos leva à forma final de que um espírito humilde de aprendizado nos ajuda — permitindo que tiremos o melhor dos nossos erros e falhas. Certa vez perguntaram ao novelista Mark Twain o nome do maior inventor. Ele respondeu: "Acidentes". Sua reposta foi inteligente, e revela uma grande verdade. Quando somos humildes, estamos abertos a enxergar os nossos erros como possibilidades para inovação e sucesso.

A história é cheia de relatos de cientistas e inventores que cometeram erros que foram transformados em grandes descobertas. Em 1839, Charles Goodyear fazia experimentos com borracha. A substância, derivada da seiva da árvore, era conhecida há séculos. As pessoas haviam tentado colocar seu uso em prática, mas ao aquecê-la ela derretia e ao resfriá-la ela quebrava. Goodyear tentou misturá-la com várias substâncias, mas nenhuma a transformava em algo útil. Então, certo dia, ele acidentalmente deixou cair um pouco de borracha misturada com enxofre em um forno quente de cozinha. O calor fez com que a borracha ficasse firme e flexível. Até mesmo o ar frio

> Certa vez perguntaram a Mark Twain o nome do maior inventor. Ele respondeu: "Acidentes".

não conseguia quebrá-la. O erro de Goodyear o ajudou a transformar a borracha na substância usada em inúmeros produtos e indústrias hoje em dia.[8]

O celofane é outra substância descoberta por acidente. O engenheiro têxtil suíço Jacques Brandenberger queria desenvolver um tecido à prova d'água após ver uma taça de vinho ser derramada em uma toalha de mesa. O revestimento que ele criou era muito duro e frágil para ser prático. Mas Brandenberger descobriu que o filme transparente desgrudava do tecido em formato de folhas.[9]

A penicilina também foi resultado de um erro. Quando o pesquisador Alexander Fleming acidentalmente introduziu mofo na cultura de gripe em uma de suas placas de Petri em 1928, ele não desdenhou dos seus esforços descuidados. Ele isolou e identificou o mofo, que o levou à criação da vacina que tem salvado inúmeras vidas.

O poder de cozimento das micro-ondas foi descoberto quando um engenheiro acidentalmente derreteu uma barra de chocolate em seu bolso ao utilizá-las. O teflon foi descoberto quando um pesquisador trabalhando com fluídos refrigerantes se esqueceu de guardar uma amostra da noite para o dia. Os adesivos post-it foram desenvolvidos por engano durante o processo de desenvolvimento de um novo adesivo.

"Se tudo mais falhar, a imortalidade pode sempre ser assegurada por um erro espectacular."
– John Kenneth Galbraith

Se você for trabalhar com o espírito certo, pode transformar um engano em oportunidade. O sucesso e a fama nem sempre acontecem às pessoas mais talentosas. Algumas vezes eles chegam às pessoas que podem transformar a adversidade em vantagem. Ou, como afirma John Kenneth Galbraith, "Se tudo mais falhar, a imortalidade pode sempre ser assegurada por um erro espectacular".

O Retrato da Humildade

Adoro a história de humildade na vida dessa pessoa que tem sido chamado de homem da Renascença Americana. Seu primeiro amor era a arte, e ele cresceu querendo ser pintor. Porém ele era um aprendiz decidido com um espírito de humildade, o que alimentou sua mente curiosa e ampliou a variedade dos seus interesses. Em Yale ele estudou filosofia religiosa, matemática e ciências, formando-se aos 19 anos de idade. Ao terminar seus estudos formais, seus pais insistiram que ele se tornasse um aprendiz de livreiro. Mas sua paixão era a pintura. Ele tentou convencer seus pais a permitir que ele viajasse para o exterior a fim de treinar como um artista. Após um ano eles finalmente cederam e o enviaram para a Inglaterra para estudar pintura. Ele se destacou. A escultura de gesso que ele criou ganhou a medalha de ouro na Adelphi Society of Arts, e um grande quadro que ele pintou recebeu a aclamarão da crítica na Royal Academy.

Ao retornar para os Estados Unidos, ele abriu em estúdio em Boston e tornou-se um respeitado pintor viajando de uma cidade a outra, buscando comissões para pintar retratos. Enquanto estava em Concord, New Hampshire, ele conheceu uma moça sobre a qual escreveu aos seus pais para contar em uma carta datada de 20 de agosto de 1816:

> Meus queridos pais,
> Escrevo-lhes estas poucas linhas para dizer que estou bem e esforçando-me muito. Um dia depois de amanhã hei de ter recebido 100 dólares, os quais penso serem mais do que necessários para 3 semanas, provavelmente ficarei aqui uma quinzena a partir de ontem; tenho outros atrativos neste local além do dinheiro; vocês conhecem os Walkers deste local, Chas Walker o filho do juiz W. tem duas filhas, a mais velha é linda, amável e com uma excelente disposição... Não quero lisonjear a mim mesmo, mas penso que posso ser um pretendente em potencial. Vocês podem pensar que sou um terrível rapaz leviano por estar sempre se apaixonando, mas temo de me tornar um velho solteirão e tenho 25 anos de idade; ainda não há pressa, pois a jovem tem apenas 16.[10]

Ele estava loucamente apaixonado. Menos de um mês depois, deu continuidade à sua carta, atualizando seus pais. Ele escreveu:

> Está tudo muito bem além das minhas melhores expectativas, quanto mais a conheço mais amável ela se mostra; ela é muito bonita, mas sem coquetismo; é modesta e um pouco tímida, mas sincera e franca. Sempre que pergunto sobre ela, ouço as mesmas características como notadamente amável, modesta e com muita disposição. Quando souberem o que vou contar, não penso que me acusarão de ser precipitado e levar o caso a uma crise. Eu me aventurei a abrir meu coração para ela, e descobri que contrário a respostas ambíguas e obscuras, as quais alguém poderia ter dado para atormentar e infringir dor, ela franca, porém modesta e timidamente, me disse que o sentimento era mútuo, suficiente dizer que estamos noivos... Nunca um ser humano teve tanta sorte quanto eu, e mesmo assim tenho sido um miserável ingrato. Orem por mim para que eu

tenha um coração grato, pois nada mereço além da adversidade, e ainda tenho a maior prosperidade transbordante.[11]

Ela esperou dois anos por ele, e em 29 de setembro de 1818 eles se casaram. Quase um ano depois, tiveram seu primeiro filho, uma menina. À medida que a família crescia, crescia também seu sucesso como pintor. Ele pintou pessoas importantes como o inventor Eli Whitney, o presidente de Yale Jeremiah Day, o escritor e lexicógrafo Noah Webster, o Marquês de Lafayette e o presidente dos Estados Unidos James Monroe. Enquanto isso, ele ainda cultivava seu amor pela invenção e inovação. Ele e seu irmão desenvolveram a bomba de água para os motores contra incêndio, as quais patentearam, mas não conseguiram obter lucro. Também inventou a máquina de cortar mármore para esculpir, mas não conseguiu patenteá-la.

Ele parecia estar muito bem dessa forma. Então, em 1825, enquanto trabalhava em uma pintura em Nova York, recebeu uma carta do seu pai dizendo que sua esposa estava doente. O homem correu para casa, mas quando chegou sua esposa já estava morta. Ele ficou arrasado com a perda. Para piorar ainda mais a situação, ela já havia sido enterrada quando ele chegou em casa. Ele não pôde nem ir ao seu enterro.

O nome desse homem era Samuel F. B. Morse. Ele se recuperou do seu luto pela perda da esposa, mas sua frustração com a lentidão da comunicação não saiu da sua mente. Como resultado, começou a aprender sobre eletricidade e eletromagnetismo. E em 1832, desenvolveu um aparelho capaz de enviar mensagens a longa distância através de fios. Ele também começou a formular um código feito de pontos e hífens que poderiam ser utilizados para comunicação.

O início dos anos 1800 foi um tempo de experimentos e rápidos avanços na eletricidade. Morse aprendeu humildemente sobre os outros avanços e estudou essas invenções. Ele modificou seus projetos várias vezes. Em 1838, ele apresentou seu veículo de comunicação o qual chamou de telégrafo. A invenção daquele dispositivo, juntamente com o código que ele leva seu nome, é como Morse veio a ficar conhecido. Ele introduziu o mundo à nova era da comunicação. O que antes demorava dias, semanas ou até meses para comunicar, graças a Morse passou a levar apenas minutos. A tecnologia mudou o mundo.

Morse recebeu muitas honras pela invenção do telégrafo, porém sempre foi muito humilde com relação a isso. Uma vez ele disse: "Fiz uma valiosa aplicação da eletricidade, não porque sou superior a outro homem, mas somente por causa de Deus, que desejando isso para a humanidade, precisava revelá-la a alguém e Ele quis revelar a mim". Com essa atitude, não admira que ele tivesse sido capaz de se recuperar de suas perdas, aprender e crescer. Ele possuía o espírito de aprendizado. E seria bom para nós tê-lo também.

O novelista J. M. Barrie escreveu: "A vida de cada homem é um diário no qual ele quer escrever uma história e escreve outra; e seu momento mais humilde é quando ele compara o que fez com o que desejava ter feito". Isso tem sido uma verdade em minha vida. De muitas formas, estou muito aquém daquilo que gostaria de ter feito ou sido. No entanto, no momento em que comparamos o que desejávamos fazer com o que realmente fizemos, se formos humildes e abertos às lições de vida nos oferece, aumentamos as possibilidades para o sucesso. E sabendo que temos tentado o nosso melhor, talvez fiquemos contentes com o que nos tornamos e realizamos.

> "A vida de cada homem é um diário no qual ele quer escrever uma história e escreve outra; e seu momento mais humilde é quando ele compara o que fez com o que desejava ter feito."
> – J. M. Barrie

3
Realidade: O Alicerce do Aprendizado

Charlene Schiff nasceu em uma família confortável e amorosa na pequena cidade de Horochow, Polônia. Ela teve uma boa infância. Seu pai, professor de filosofia em uma universidade próxima, a amava e era paciente, até mesmo quando ela errava. Certa vez, quando sua mãe estava pintando alguns aposentos da casa, Charlene impulsivamente pegou o pincel e pintou o piano da família. Seu pai não gritou com ela. Ele a disciplinou, mas também levou em consideração que ela havia se arrependido imediatamente. E ele usou o incidente para ensiná-la como é importante não destruir as propriedades das pessoas.

A mãe de Charlene era professora, mas desistiu de sua carreira para criar Charlene e sua irmã mais velha, Tia. A mãe as adorava, comprava roupas, brinquedos e as encorajava diariamente. Ela tinha uma vida maravilhosa.

Emerge uma Feia Realidade

Então as coisas começaram a mudar para Charlene. Em 1939, quando tinha 10 anos, a Polônia foi invadida pela Alemanha e a União Soviética e dividida entre elas. Horochow, onde morava Charlene, foi anexada à União Soviética. A despeito disso, a vida da sua família não mudou muito naquele momento, mas em 1941 sim. Foi quando Hitler decidiu assumir toda a Polônia e suas tropas entraram na cidade. Imediatamente, seu amado pai foi arrastado pelos nazistas. Ela nunca mais o viu. Logo Charlene, sua mãe e irmã foram transferidas para um gueto judeu, sendo forçadas a dividir um único cômodo com outras três famílias. Charlene tinha apenas 11 anos.

Sua mãe foi submetida a trabalhos forçados. As meninas também tinham que trabalhar algumas vezes. Havia pouca comida e era uma luta para sobreviver. Mas a mãe de Charlene bolou um plano. Começou a procurar pessoas no meio rural que estivessem dispostas a levá-las e escondê-las. Ela encontrou um fazendeiro que concordou em abrigar uma delas. Ficou decidido que seria a irmã de Charlene, cinco anos mais velha do que ela. Outra família disse que ficaria com Charlene e sua mãe.

"Um dia, em 1942, acho que era no início do verão, não me lembro das datas, lembro-me de que acordamos e eu me despedi da minha querida irmã", conta Charlene. "Como não ouvimos nada nos dias que se seguiam, sabíamos que ela havia chegado bem e tudo caminhava de acordo com o plano. Minha mãe chegou em casa do trabalho e disse para eu usar meu melhor sapato e roupa e levar uma muda extra porque naquela noite deixaríamos o gueto."[1]

O gueto onde elas viviam era cercado nos três lados por cercas e no quarto por um rio. Naquela noite, bem tarde, sob o manto da escuridão, elas saíram do aposento e foram em direção ao rio e nele entraram. Mas antes que pudessem atravessá-lo ouviram tiros. À margem do rio os soldados estavam esperando. "Nós estamos vendo vocês, judeus!", gritaram eles. Outros haviam tido a mesma ideia que Charlene e sua mãe. Eles também queriam fugir. Muitos entre os que estavam se escondendo ficaram em pé e levantaram as mãos para se render. Ao fazerem isso, foram atingidos na hora.[2]

Charlene e sua mãe agarraram-se aos juncos. A água ia até o pescoço da menina. Sua mãe a manteve quieta e a alimentou com pão encharcado. Elas ficaram no rio por dois dias! Na manhã do último dia, quando Charlene acordou, sua mãe havia sumido.

Uma Criança Completamente Sozinha

A realidade da sua situação era desastrosa. Aos 11 anos, Charlene estava completamente sozinha vivendo em uma terra hostil onde seria caçada e morta como um animal. "Senti vontade de gritar, mas sabia que tinha que ficar calada", lembra.[3]

Após os soldados terem saído, Charlene foi em direção à fazenda onde ela e sua mãe haveriam de ficar. Em vez de uma calorosa recepção, ela soube que poderia passar o dia no celeiro, mas à noite teria que partir ou o fazendeiro a entregaria para os nazistas.

A princípio Charlene não quis enfrentar a situação. Ela disse: "Vivi como um animal, indo de floresta em floresta à procura da minha mãe. Eu não poderia me permitir sequer pensar que nunca encontraria minha mãe. Eu tinha que encontrar minha mãe. Para onde iria eu, o que iria comer, quem tomaria conta de mim?"[4]

A realidade dessa situação desesperadora faz com que algumas pessoas desmoronem, outras se adaptem e aprendam que precisam sobreviver. Charlene escolheu a segunda opção. A menina que havia crescido na cidade totalmente dependente da sua mãe aprendeu a sobreviver na floresta. Ocasionalmente ela se deparava com outros judeus que se escondiam das autoridades. Certa vez ela se deparou com um pequeno grupo de homens, mulheres e um bebê, que haviam escapado de seus guetos. Quando o grupo foi descoberto pelas crianças locais, eles e Charlene se esconderam em um palheiro. Mas os aldeões usaram forquilhas para perfurar o palheiro, matando todos, menos Charlene.

Em outra ocasião, quando Charlene estava voltando para o local onde dormia após ter furtado alguma comida, uma moça de aproximadamente 18 anos fez amizade com ela e ofereceu-se para ajudá-la. Elas combinaram de se encontrar na manhã seguinte. Porém, durante a noite, Charlene teve um mau pressentimento sobre a moça. No dia seguinte, escondeu-se no alto de uma árvore e esperou. Dessa vez a moça apareceu com seu irmão. Ao ouvi-los, Charlene descobriu que os dois planejavam roubá-la e entregá-la às autoridades por uma recompensa.[5]

Charlene viveu alguns momentos de bondade durante aqueles anos. Certa vez ela foi descoberta dormindo em um celeiro pela funcionária de uma fazenda que lhe trouxe comida e roupas. "Demorou um pouco para eu relaxar", lembra Charlene. "Eu [finalmente] havia sido tratada como ser humano, com bondade e generosidade. Eu havia esquecido como era bom." A moça alimentou Charlene por quase duas semanas. Certo dia, dois policiais chegaram à fazenda e atiraram na moça, alegando que ela judia.

"Passei anos sozinha na floresta", relembra Charlene. "Eu dormia durante o dia, e à noite rastejava procurando algo — qualquer coisa — para comer. Fiquei muito doente."[7]

Em 1944, Charlene foi descoberta pelas tropas soviéticas que literalmente pisaram nela enquanto estava deitada em seu esconderijo. Ela foi levada a um hospital, onde teve uma lenta recuperação. Seu objetivo era chegar aos Estados Unidos, onde já havia outros membros de sua família que haviam se mudado antes da guerra. Finalmente, em 1948, ela fez sua jornada. Três anos depois se casou.

Charlene não queria falar sobre as suas experiências e as guardou para si durante anos. Mas por fim seu marido Ed a convenceu de que ela precisava contar sua história para outras pessoas. "Você tem o dever e a obrigação com seis milhões de mártires", disse ele.[8] Agora ela compartilha sua história e a realidade que precisou enfrentar na esperança de que isso venha educar as pessoas.

"Também quero passar uma mensagem de esperança para os jovens de hoje", disse Charlene. "Sou otimista e sinto que as gerações mais jovens aprenderão com os erros da minha geração e lutarão contra a indiferença e a injustiça."[9]

Construa em Base Sólida

Se desejamos ser bem-sucedidos na vida e aprender com as nossas perdas, precisamos estar dispostos a enfrentar a realidade e usá-la para criar uma base para o crescimento. Isso pode ser muito difícil. As pessoas que passam por experiências terríveis como Charlene Schiff podem ser esmagadas por elas. Mas mesmo as perdas menos catastróficas do que a dela podem nos levar a evitar a realidade. Podemos culpar as outras pessoas pelas nossas circunstâncias. Podemos racionalizar ou inventar desculpas. Ou podemos nos fechar em nosso próprio mundinho, como esse homem em uma das minhas "histórias da vida real favoritas. Ele sofria de insônia havia mais de trinta anos e finalmente decidiu ir a um psicanalista.

— Por que você não dorme à noite? — perguntou o médico.

— Porque estou tentando resolver os problemas do mundo — respondeu o homem.

O psicanalista avançou um pouco mais:

— E conseguiu resolvê-los?

— Quase sempre — respondeu o paciente com veemência.

— Então por que não consegue dormir? — perguntou o psicanalista.

— Bem, doutor, acho que são aquelas grandes paradas em minha homenagem que me deixam acordado.

Por mais que um escape da realidade possa nos dar alívio temporário para os nossos problemas, a verdade é que é mais fácil ir do fracasso ao sucesso do que das desculpas para o sucesso. Quando perdemos a noção da realidade, rapidamente perdemos a nossa direção. Não podemos criar uma mudança positiva em nossa vida se estamos confusos com o que está realmente acontecendo. Você não pode melhorar enquanto estiver se enganando.

> É mais fácil ir do fracasso ao sucesso do que das desculpas para o sucesso.

Três Realidades da Vida

Todos são realmente diferentes. Entretanto, existem algumas realidades verdadeiras que valem para a vida toda.

1. A Vida É Difícil

De alguma forma, as pessoas parecem acreditar que a vida deva ser fácil. Isso é um problema hoje nos Estados Unidos. Esperamos uma estrada fácil para o sucesso. Esperamos que nossas vidas sejam livres de lutas. Esperamos que o governo solucione nossos problemas. Esperamos receber prêmios sem ter que pagar o preço. Isso não é realidade! A vida é dura.

No livro *As Grandes Lições da Vida*, Hal Urban escreve:

> Uma vez que aceitamos o fato de que a vida é dura, começamos a crescer. Começamos a compreender que cada problema é também uma oportunidade. É quando então começamos a aceitar os desafios da vida. Em vez de permitir que nossas dificuldades nos vençam, nós as abraçamos como um teste de caráter. Nós as usamos como meio para nos colocarmos à altura.

Ao mesmo tempo, precisamos compreender que a sociedade nos bombardeia diariamente com mensagens um tanto opostas. Para começar, a tecnologia tem fornecido um botão para a nossa vida. Com ele podemos abrir a porta da nossa garagem, cozinhar o jantar, lavar a louça, gravar nosso programa de televisão favorito e até mesmo pagar nossas contas apenas ao pressionar os botões certos. Além disso, continuamente recebemos a mensagem de que existe uma forma fácil e rápida de fazer quase tudo.

Nesses últimos dias, li ou ouvi que você pode perder 45 quilos, aprender a falar uma língua estrangeira fluentemente, tornar-se uma personalidade do rádio, tirar licença para ser construtor e ganhar um milhão com venda de imóveis. Você pode tudo isso em questão de dias, e quase sem esforço. Impossível.

Esses comerciais estão todos entre nós porque os profissionais de propaganda e marketing possuem uma boa compreensão do comportamento humano. Eles sabem que a maioria das pessoas *não* aceita que a vida é dura e continuará a buscar o caminho mais fácil.[10]

Não existe caminho rápido ou fácil. Nada que valha a pena na vida acontece sem esforço. É por isso que o psiquiatra M. Scott Peck inicia seu livro *A Trilha Menos Percorrida* com as palavras "A vida é difícil". Ele quer preparar o ambiente para tudo que escreve no livro. Se não compreendemos e aceitamos a verdade de que a vida é difícil, então nos preparamos para o fracasso e não aprendemos.

2. A Vida É Difícil para Todos

Mesmo estando dispostos a concordar que a vida é difícil para a maioria das pessoas, lá no fundo muitos secretamente esperam que, de alguma forma, essa verdade não se aplique a nós. Sinto dizer que não é assim. Ninguém escapa dos problemas da vida, das falhas e das perdas. Se queremos fazer algum progresso, precisamos enfrentar as dificuldades da vida. Ou, como escreveu o poeta Ralph Waldo Emerson, "O caminhar do homem é cair para frente".

> "O caminhar do homem é cair para frente."
> – Ralph Waldo Emerson

A vida não é fácil e nem justa. Já sofri injustiças e tenho certeza de que você também. Já cometi enganos, fiz papel de idiota, magoei pessoas que amava e vivi decepções arrasadoras. Acredito que você também. E não podemos evitar as dificuldades. Nem deveríamos tentar. Por quê? Pois as pessoas bem-sucedidas na vida não tentam escapar da dor, da perda ou da injustiça. Elas apenas aprendem a enfrentar essas coisas, aceitando-as e prosseguindo ao enfrentá-las. Esse é o meu objetivo. Deveria ser também o seu.

3. A Vida É mais Difícil para uns do que para Outros

Na história em quadrinhos *Peanuts*, Charlie Brown abria seu coração para Lucy, que estava posicionada em sua sala de psiquiatra de cinco centavos. Quando ele declara que estava confuso sobre a vida e para onde poderia ir, ela diz: "A vida é como uma cadeira de praia. No navio de cruzeiro dessa vida, algumas pessoas colocam suas cadeiras de frente para a parte de trás do navio para que possam ver onde estiveram. Outras pessoas as colocam viradas para frente; elas querem ver para onde estão indo". Então Lucy pergunta: "Para que lado sua cadeira está virada?"

Charlie responde: "Nunca consegui abrir uma cadeira de praia".

Vamos encarar o fato: A vida é mais difícil para alguns do que para outros. O campo não é nivelado. Você pode ter enfrentado mais e maiores dificuldades na vida do que eu, ou menos. Sua vida nesse momento pode parecer um céu claro. Talvez as águas estejam agitadas. Comparar nossa vida com a das outras pessoas não é produtivo. A vida não é justa e não deveríamos esperar que fosse. Quanto mais cedo enfrentarmos a realidade, melhor enfrentaremos o que quer que nos sobrevenha.

Não Torne a Vida mais Difícil para si Mesmo

Provavelmente sua vida já é cheia de dificuldades. A verdade é que você terá que lidar com elas de qualquer forma. Uma das chaves para o sucesso é não tornar as coisas ainda mais difíceis para si mesmo, o que, infelizmente, muitas pessoas parecem fazer.

Para ajudá-lo com essa realidade, quero destacar cinco maneiras como as pessoas dificultam a vida para si mesmas a fim de que você possa evitar essas armadilhas.

1. A Vida É mais Difícil para aqueles que Pararam de Crescer e Aprender

Como você deve saber, algumas pessoas nunca fazem o esforço intencional para crescer. Algumas pessoas acham que vão crescer automaticamente. Outras não valorizam o crescimento e esperam progredir na vida sem esforço. Para essas pessoas a vida é mais difícil do que seria se elas se dedicassem à melhora contínua.

As pessoas que não crescem são como os pares do grande cientista Galileu, que tentou convencê-los a acreditar no que ele estava aprendendo sobre Física. Eles riram de Galileu e se recusaram a reconhecer suas descobertas, dizendo que suas teorias não poderiam ser verdadeiras, pois contradiziam os ensinos de Aristóteles.

Em um instante, Galileu decidiu fazer uma demonstração que provaria a eles através de claras evidências uma de suas observações: de que dois objetos de massas diferentes deixados juntos da mesma altura chegariam ao chão ao mesmo tempo. No dia da demonstração, o cientista subiu no topo da inclinada torre de Pisa. Enquanto a multidão abaixo assistia, ele deixou um objeto de quatro quilos e meio e outro de quatrocentos e cinquenta gramas caírem juntos. Eles chegaram ao chão simultaneamente. Não houve dúvidas que a teoria de Galileu estava correta. Ainda assim eles se recusaram a acreditar nela — a despeito da evidência que viram com seus próprios olhos. E eles continuaram ensinando as teorias ultrapassadas de Aristóteles. Eles queriam ficar com o que tinham — mesmo que estivesse errado — em vez de mudar e crescer.

Enquanto algumas pessoas vivem dificuldades maiores na vida porque se recusam a crescer, há outros tipos de pessoas que criam dificuldades para si mesmas: as que se satisfazem com seus ganhos e ficam estagnadas.

Há alguns anos, Margaret e eu visitamos o Museu Nobel em Estocolmo, Suécia. Passamos horas ouvindo palestras e lendo sobre as pessoas que fizeram a diferença em tantas vidas. Nosso guia turístico partilhou algo conosco naquele dia que nos surpreendeu. Ele disse que muito poucos ganhadores do prêmio Nobel fizeram algo significativo após terem sido reconhecidos pelas suas conquistas. Achei difícil acreditar, mas após algumas pesquisas concluí que estava correto. Danniel McFadden, que recebeu o prêmio Nobel por Economia em 2000, disse: "Se você não tomar cuidado, o prêmio Nobel é um encerra-carreira. Se eu me permitir escorregar nele, vou passar todo o meu tempo desatando fitas de inauguração". O vencedor do prêmio de Literatura T.S. Eliot foi ainda mais enfático: "O Nobel é o ticket de entrada para seu próprio funeral. Ninguém nunca mais fez nada após tê-lo ganho".

O sucesso pode ser uma forma de distorcer nossa visão da realidade. Ele pode nos fazer pensar que somos melhores do que realmente somos. Ela pode nos iludir em acreditarmos que temos pouco a aprender. Ela pode nos convencer de que não devemos mais esperar enfrentar e vencer as falhas. Esses conceitos são perigosos a qualquer pessoa que deseje aprimorar-se.

Como combatemos tais ideias? Ao enfrentar a realidade. Treinadores bem-sucedidos compreendem a importância da avaliação honesta e realista. No futebol significa passar tempo na sala de projeção analisando o desempenho do time. Meu amigo, Jim Tressel, ex-treinador em Ohio State, afirma: "Dê as mesmas notas, vencendo ou perdendo". Por quê? Porque há uma tendência de não ser tão objetivo avaliando os jogos quando você vence como quando você perde.

> "Dê as mesmas notas, vencendo ou perdendo."
> – Jim Tressel

A vitória faz com que as pessoas relaxem e aproveitem os espólios da vitória. Faça isso e você pode estar construindo seu caminho para a derrota.

2. A Vida É mais Difícil para aqueles que não Pensam Efetivamente

Uma das coisas mais notáveis que separam as pessoas bem-sucedidas das que não são é a forma como elas pensam. Tenho tanta certeza disso que escrevi um livro sobre o assunto chamado *Como Pensam as Pessoas Bem-Sucedidas*. Pessoas que seguem em frente pensam diferente das que não seguem. Elas têm motivos para fazer o que quiserem e pensam continuamente no que estão fazendo, por que estão fazendo e como podem melhorar.

Isso não significa que os bons pensadores são sempre bem-sucedidos. Não, eles podem cometer erros como todo o mundo. Mas eles não cometem o mesmo erro repetidamente. E é isso que faz a grande diferença em suas vidas. Frank Gaines, ex-prefeito de Berkeley, Califórnia, de 1939 a 1943, explicou:

Não me incomoda que as pessoas cometam erros se elas tiverem um motivo para o que fizeram. Se elas disserem, "pensei isso e cheguei a essa conclusão, por isso tomei aquela decisão", se elas obviamente passaram por um processo lógico de raciocínio para chegar aonde chegaram, mesmo que não tenha dado certo, tudo bem. Devemos estar atentos àqueles que não podem nem ao menos dizer por que fizeram o que fizeram.

Tenho que admitir, embora valorize a reflexão, costumo me sentir culpado por não pensar nas coisas como deveria. Um exemplo claro disso foi o ocorrido durante os anos 80, quando eu era o pastor da igreja em San Diego, Califórnia. Naquela época, muitos pastores como eu ouviram sobre o crescimento assustador da congregação em Seul, Coreia do Norte, através de pequenos grupos que se reuniam por toda a cidade. Viajei para a Coreia para ver e aprender em primeira mão. O tempo que passei lá foi inspirador — tanto que voltei para casa e partilhei a história dos pequenos grupos com as pessoas da minha congregação. Eles ficaram inspirados.

Algumas semanas mais tarde, em meu entusiasmo, resolvi iniciar trinta pequenos grupos durante o ano seguinte. As pessoas concordaram prontamente e lançamos nosso programa para pequenos grupos. Gostaria de dizer que deu tudo certo, que foi um sucesso, mas não foi. Dentro de apenas alguns meses, podíamos notar que não estava dando certo. No final do ano, em vez de termos trinta pequenos grupos, tínhamos apenas três! O que aconteceu? Eu não havia treinado os líderes o suficiente para liderarem os grupos. Todo grupo iniciado sem um líder treinado esgotou-se e desmantelou.

Hoje a lição está bem clara e simples para mim: uma organização pode sustentar apenas tantos grupos quantos houverem líderes treinados para liderá-los. Essa é a realidade. Naquela época, eu não pensei nisso o suficiente, mas aprendi bem rápido minha lição. Nos dois anos que se seguiram, treinei centenas de líderes, e então lançamos novamente nosso programa para pequenos grupos. A segunda vez foi um sucesso.

Costumamos tornar a vida mais difícil quando não pensamos. Uma piada que ouvi há anos descreve quantas pessoas pioram uma situação ruim por não pensarem o suficiente. Ela descreve as estratégias que as pessoas usam ao descobrir que estão insistindo em montar um cavalo morto.

Elas tentam o seguinte:

• Comprar um chicote mais forte
• Trocar de cavaleiro

- Dizer coisas do tipo: "Foi sempre assim que montei esse cavalo"
- Escolher um comitê para analisar o cavalo
- Planejar visitas a outros locais para ver como eles montam os cavalos
- Mudar os estatutos especificando que "os cavalos não devem morrer"
- Colocar arreio em vários cavalos mortos juntos para aumentar a velocidade
- Declarar que "nenhum cavalo está tão morto que não possa ser montado"
- Criar fundos adicionais para melhorar o despenho do cavalo
- Adquirir um produto para revitalizar o cavalo morto
- Formar um círculo de qualidade para encontrar utilidade para cavalos mortos
- Rever o requerimento de desempenho para cavalos
- Promover o cavalo morto para uma posição de supervisão[11]

Essas práticas ridículas foram citadas como sendo usadas nos negócios, mas podemos fazer tais coisas em quaisquer áreas da nossa vida quando não usamos a cabeça. A vida é cheia de decepções e dores de cabeça sem precisarmos contribuir para o problema.

3. A Vida É mais Difícil para aqueles que não Enfrentam a Realidade

Talvez as pessoas que enfrentem os piores momentos na vida sejam as que se recusam a enfrentar a realidade. O autor e palestrante Denis Waitley escreveu: "A maioria das pessoas passa a vida inteira na ilha da fantasia chamada 'Um dia eu vou'". Em outras palavras, eles pensam: *Um dia vou fazer isso. Um dia vou fazer aquilo. Um dia serei rico.* Eles não vivem no mundo real.

São como uma mulher comum falando com o padre no confessionário:

— Essa manhã olhei no espelho e admirei minha beleza.

> "A maioria das pessoas passa a vida inteira na ilha da fantasia chamada 'Um dia eu vou.'"
> – Denis Waitley

— Isso é tudo, minha filha? — pergunta o padre, que a conhece desde pequena.

— Sim, padre — respondeu ela humildemente.

— Então vá em paz — disse o padre. — Enganar-se não é pecado.

Alex Haley, autor de *Negras Raízes*, escreveu: "Ou você lida com o que é realidade, ou pode estar certo de que a realidade vai lidar com você". Se quiser escalar as montanhas mais altas, não pode esperar que seja da noite para o dia. Você não pode esperar fazer isso a menos que tenha sido treinado para escalar e esteja em boas condições físicas. E se você negar essa realidade e escalar de qualquer forma, vai acabar tendo problemas. O que você faz é importante. E para ser bem-sucedido você precisa se basear na

"Ou você lida com o que é realidade, ou pode estar certo de que a realidade vai lidar com você."
– Alex Haley

realidade. O jornalista Sydney J.Harris escreveu: "O idealista acredita que o curto prazo não conta. O cínico acredita que o longo prazo não importa. O realista acredita que o que é feito ou deixado por fazer no curto prazo determina o longo prazo".

A vida é difícil. Mas eis a boa notícia: muitas das coisas que você deseja fazer na vida são possíveis — se você estiver disposto a enfrentar a realidade, saber por onde começar, avaliar o custo do seu objetivo e colocá-lo em prática. Não permita que a sua situação o desencoraje. Todos que chegaram onde estão começaram onde estavam.

4. A Vida É mais Difícil para aqueles que Demoram a Fazer os Ajustes Necessários

Meu irmão mais velho, Larry, tem sido meu mentor em muitas áreas. Ele é especialmente talentoso quando o assunto é negócio ou finanças. Com frequência eu o ouço dizer: "As pessoas não cortam suas perdas rápido o suficiente. Ele me ensinou a fazer da minha primeira perda a minha última. Eu acho difícil. E você? Em vez de cortar nossas perdas, racionalizamos. Tentamos defender a decisão. Esperamos para se as coisas mudam e provem que estamos certos. Larry me aconselhou a enfrentar o problema e resolvê-lo ou arcar com o prejuízo.

O famoso boxeador peso pesado Evander Holyfield disse: "Todos têm um plano até serem atingidos". O que ele quis dizer com isso? O estresse da dificuldade da situação pode fazer com que você se esqueça do seu plano e, caso não lide bem com a situação, você não será capaz de fazer os ajustes. Embora seja verdade que a aceitação do problema não o vence, se encarar a realidade você criará uma base para fazer os ajustes necessários. E isso é exatamente o que você precisa estar apto — a fazer bons ajustes.

Embora seja verdade que a aceitação do problema não o resolve, ao enfrentar a realidade você cria uma base para possibilitar os ajustes. E aumentar sobremaneira as chances para o seu sucesso.

A executiva e amiga Linda Kaplan Thaler tem sido bem-sucedida em ajudar as empresas com a marca e o marketing dos produtos. Foi ela que teve a ideia do pato no comercial de seguros Aflac. Ela trabalhou em comerciais para muitos produtos de sucesso, mas o que ela realmente gosta é de representar os sem sucesso. Ela afirma: "Amo trabalhar com um produto da 'lista M', que significa morto". Por quê? As empresas "estão desesperadas, então permitem que eu faça qualquer coisa". Infelizmente, muitas pessoas não estão dispostas a enfrentar a realidade e fazer ajustes até depois que alguma coisa já morreu. Se queremos ser bem-sucedidos, não podemos esperar tanto tempo.

5. A Vida É mais Difícil para os que não Reagem corretamente aos Desafios

As pessoas que reagem corretamente à adversidade percebem que sua reação ao desafio é a resposta. Elas aceitam e reconhecem a realidade da sua situação, e então agem de acordo. A princípio, não achei que fosse fácil. Meu otimismo natural tende a me a levar a ignorar a crise e esperar que ela vá embora. Isso não funciona. Querer não resolve. Negar o problema apenas piora a situação. Tampouco ficar nervoso, gritar ou descontar nos parentes. Aprendo a dizer a mim mesmo: "É isso mesmo. Tenho um problema. Se eu quiser resolvê-lo preciso tomar uma atitude. Qual é a melhor solução?" Ao enfrentar um desafio, você pode transformar os limões em limonada, ou pode permitir que eles azedem sua vida toda. A escolha é sua.

Enfrentar a realidade, manter o senso de confiança e expectativa e dar o melhor de si pode não ser fácil, mas é possível. E faz uma grande diferença na sua vida. Isso o prepara para aprender, crescer e ser bem-sucedido. Foi o que Jim Lovell fez ao liderar a missão da Apollo 13 para a lua. Quando o foguete Saturno que os estava conduzindo para a superfície lunar apresentou defeito e eles tiveram que abortar a missão e tentar retornar a salvo para a terra, o futuro parecia obscuro. Lovell calculou que suas chances de sobreviver pareciam remotas. "Mas você não pensa nisso", afirmou Lovell na quadragésima reunião dos astronautas e diretores de voo remanescentes da missão. "Você não diz quão remotas elas são, e sim como pode melhorar as possibilidades."[12]

O autor e *expert* em negócios Jim Collins diz: "Quando enfrentamos as duras verdades de cabeça erguida, há uma sensação de emoção e dizemos: 'Pode demorar, mas encontraremos uma forma de vencer'". Essa é uma forma fantástica de responder corretamente aos desafios. Você cria oportunidades ao encarar o problema de frente e reagindo, e não olhando para o outro lado e fingindo. Se quiser aprender, você precisa encontrar sua própria solução, seu planejamento e sua atitude em base sólida. A realidade é a única coisa que não desmorona sob o peso das coisas.

4
Responsabilidade: O Primeiro Passo para o Aprendizado

Nossa tendência é pensar sobre responsabilidade como algo *dado* a nós por outra pessoa em posição de autoridade, tal como um pai ou patrão. E costuma ser assim. Mas responsabilidade também é algo que precisamos estar aptos a *assumir*. E, após quarenta anos liderando e sendo mentor de pessoas, cheguei à conclusão de que responsabilidade é a habilidade mais importante que a pessoa possui. Nada acontece para promover o nosso potencial até que possamos dizer: "Eu sou responsável". Se você não assume responsabilidade, desiste do controle da sua vida.

Meu amigo Truerr Cathy, fundador da rede de restaurantes Chick-fil-A, costuma dizer: "Se tem que ser, depende de mim". Esse é o pensamento correto para vencer. Assumir a responsabilidade da sua vida, suas atitudes, suas ações, seus erros e seu crescimento o coloca em um patamar onde você

> Responsabilidade é a habilidade mais importante que a pessoa possui.

estará sempre apto a aprender e com frequência apto a vencer. Nos esportes, isso é chamado de posicionamento correto.

Quando os jogadores se colocam na posição correta, podem jogar com sucesso. Não é garantido que eles façam as jogadas ou que vençam. No entanto, se estiverem fora das suas marcas, é quase impossível que façam as jogadas. Deixe de fazer o número de jogadas necessárias e perca o jogo.

Cada vez que falhamos, podemos optar por nos colocarmos em posição dolorosa, mas potencialmente lucrativa de assumir a responsabilidade para que possamos tomar as atitudes corretas para o nosso sucesso, ou podemos evitar a dor temporária da responsabilidade e inventarmos desculpas. Se agimos corretamente diante do fracasso ao assumir a responsabilidade, podemos analisar o nosso fracasso e aprender com ele.

Como resultado, não será tão fácil cometer o mesmo erro novamente. No entanto, se tentamos nos livrar da responsabilidade, não examinamos as nossas falhas e não aprendemos com elas. Como resultado, vivenciados as mesmas falhas e perdas repetidamente.

A Voz de Ouro

Foi o que aconteceu a Ted Williams. Não, não o legendário jogador de beisebol dos Red Sox, mas o homem cuja imagem foi capturada em vídeo no acostamento da estrada e postado no YouTube. Você deve ter visto. Um homem sem-teto em pé, em uma saída da rodovia, com uma placa na mão esperando receber dinheiro dos que por ela passavam. Um motorista com uma câmera de vídeo para e diz: "Ei, vou fazer você trabalhar para ganhar um dólar. Diga algo com voz de radialista".[1]

O sem-teto, vestindo uma jaqueta do exército muito velha, cabelo despenteado e sem corte, responde de forma bem articulada com uma voz magnífica feita para o rádio. Na verdade, Ted era conhecido como "Radio", e ele sempre atribuiu sua voz de ouro a um presente de Deus. Ted ficou famoso da noite para o dia quando o vídeo postado no YouTube virou febre. Ele apareceu no *Today Show*, *Entertainment Tonight* e *Dr. Phil*. É uma história com as quais as pessoas se conectam — um homem sem-teto com um grande talento recebe uma oportunidade. Mas a história de Ted é muito mais do que isso. É uma ilustração do poder da responsabilidade como o primeiro passo para o aprendizado.

Do Sonho ao Pesadelo

Quando Ted tinha 10 anos, sua mãe lhe deu um rádio da Panasonic. Ele o ouvia constantemente. O que mais o cativava eram os locutores. Ele os ouvia todas as noites, aprendendo seus padrões de falas e copiando suas inflexões. Aos 12 anos ele ganhou um gravador e um microfone de Natal. Ele passava horas diariamente falando ao microfone, criando suas próprias frases de radialista lendo as cópias de notícias que escrevia, ensaiando várias vezes as frases mais difíceis. Ele havia descoberto a sua vocação: trabalhar na rádio.

Ao completar 17 anos, Ted deu um passo esperando ficar mais próximo do seu sonho. Um recruta do exército dos Estados Unidos disse que ele poderia se tornar um especialista em comunicação. Assim, ele abandonou o Ensino Médio e alistou-se no exército. O que o recruta não havia dito era que o trabalho requeria a habilidade de datilografia, e Ted não sabia. Após terminar o treinamento básico, ele foi designado para trabalhar na unidade de manutenção de caminhões. Ele era o que chamava de "mecânico para a patrulha anexa da Coreia".[2] Foi nessa época que Ted começou a beber muito. Isso, adicionado ao mau comportamento, fez com que ele saísse do exército com dispensa desonrosa.

Ted mudou-se para a Carolina do Norte e por fim arrumou emprego trabalhando em uma pequena estação de rádio no interior, onde começou a aprender o negócio e vislumbrar algum sucesso. Após um problema com a lei e algum tempo atrás das grades, ele se mudou para Columbo, Ohio, e casou-se com uma mulher que havia conhecido no Ensino Médio. Ele conseguiu um emprego e ocasionalmente trabalhava como mestre de cerimônias em apresentações ou clubes noturnos. Quando a nova estação de rádio chegou à cidade, ele conseguiu o emprego de locutor. "Trabalhei muito", Lembra Ted. "Chegava cedo todos os dias para trabalhar em minha produção, gravando segmentos e juntando-os com efeitos sonoros."³ Seu programa era das 19 horas à meianoite. Ele ainda fazia as narrações comerciais.

A Estrada Escura

Chegou o tempo em que Ted se tornou o locutor número um em Columbo. Mas ele nunca parou de beber — nem quando isso e seu mau comportamento lhe custaram a demissão. Nem quando teve que mudar de emprego, ou quando seu casamento desmoronou. Nem quando foi rebaixado. Ele apenas continuou bebendo. Também fumou maconha. Certo dia, sua vida foi de mal a pior. Alguns amigos foram visitá-lo e lhe proporcionaram a primeira experiência com o crack e a cocaína. Ele ficou viciado instantaneamente.

Ted conta que, a princípio, "pensei: *Posso fumar apenas nos finais de semana*. Então, *Posso fumar somente à noite e nos finais de semana, e tudo ficará bem*". Ele continuou mentindo para si mesmo e fumando cada vez mais. "Dois meses depois de fumar minha primeira dose de crack, saí do emprego dos meus sonhos, a única coisa que desejei fazer em minha vida", lembra Ted.⁴ Ele saiu para que pudesse fumar crack o dia inteiro. E foi o que ele fez. "Em três meses, perdi a maior parte do que juntei em cinco anos como o número um".⁵

Ted foi da pobreza a sem-teto. Ele viveu nas ruas, dormindo nos bosques, em sofás de estranhos e em casas de crack. Viveu um ciclo sem fim de vício, abuso de drogas, furtos, agitação e falta de moradia pontuado por ocasionais estadias na cadeia. Enquanto isso, ele dizia a si mesmo que tudo ficaria bem. Mas não ficou. Ele estava se matando aos poucos. "Mentir para si mesmo é um hábito difícil de quebrar", diz Ted. "Mas a verdade é que não havia nada glamouroso sobre a vida. Nada engraçado em passar alguns meses por ano na cadeia. Nada positivo sobre nunca tomar banho, ter um bafo terrível, enfiar-se no meio das roupas encharcadas na caixa de doação de roupas do lado de fora do Exército da Salvação para conseguir alguma coisa para vestir... Eu era nada mais do que um homem derrotado lutando desesperadamente pela próxima dose".[6] Isso durou vinte anos! Quando Ted foi descoberto naquela esquina com sua placa, ele estava tentando mudar de vida, mas daquela forma estava difícil. Seu turbilhão de fama não ajudou. Ele ainda não havia olhado direto nos olhos do seu vício e assumido a responsabilidade. Ele aceitou a oferta de reabilitação oferecida pelo Dr. Phil, mas na verdade não queria ir. Após doze dias, ele abandonou o local. Alguns meses depois de ter consumido mais álcool e crack, ele finalmente tomou uma decisão.

"Procurei o Dr. Phil novamente, com o chapéu na mão, com o coração humilhado e pedi uma nova chance", conta Ted. Sua segunda chance valeu a pena. "Pela primeira vez desde que arruinei minha última chance na rádio em 1996, eu estava limpo. Não estava curado, nenhum viciado fica curado. Mas pela primeira vez em minha vida eu me senti livre."[7] Talvez pela primeira vez na vida ele estava aprendendo. Por quê? Porque ele finalmente assumiu a responsabilidade por si próprio e pelas suas escolhas, e esse é o primeiro passo para o aprendizado.

O que Acontece quando não Assumimos a Responsabilidade

As histórias de viciados como a de Ted Williams são tristes e frequentemente similares. Quando Ted vivia nas ruas, ele mentiu, roubou e trapaceou para alimentar seu hábito. Ele traiu as pessoas a quem amava. Pediu dinheiro à sua mãe para viajar até Nova York para o enterro do seu pai, e quando ela enviou, ele gastou tudo com crack. Ele traiu sua esposa, abandonou seus filhos e recusou-se a assumir qualquer responsabilidade.

A história de Ted é extrema, mas ele não está sozinho quando o assunto é evitar assumir a responsabilidade. As pessoas fazem isso o tempo todo, especialmente quando falham ou cometem erros. Elas apenas não querem enfrentar isso. Ao insistirmos nesse erro, um padrão começa a emergir em nossas vidas:

1. Desenvolvemos a Mentalidade de Vítima

Há vinte anos, Charles J. Sykes escreveu um livro intitulado *A Nation of Victims* [Uma Nação de Vítimas] no qual ele descreve a mentalidade de vítima que havia emergido no meio do povo americano. Nas primeiras páginas do livro, ele descreve um agente do FBI que desviou dois mil dólares e perdeu tudo no jogo em Atlantic City. O homem foi demitido, porém readmitido após ter convencido a corte de que sua tendência para o jogo com o dinheiro alheio era uma "deficiência", o que é protegido pela lei federal.

Sykes descreve um jovem que roubou um carro do estacionamento e morreu enquanto o dirigia, e sua família processou o proprietário do estacionamento por não ter tomado providências para prevenir tais roubos.

Ele conta a história de um homem condenado por colocar a vida de outras pessoas em risco mais de trinta vezes e que admitiu ter exposto a si mesmo mais de dez mil vezes. Quando não foi aceito para o cargo de auxiliar em um parque devido à sua ficha na polícia, ele abriu um processo com o argumento de que nunca havia se exposto em um parque — apenas em bibliotecas e lavanderias. Os oficiais do estado concordaram e decidiram que ele provavelmente tinha sido vítima de discriminação ilegal de trabalho.[8]

A mentalidade de vítima nos Estados Unidos tem piorado. Em vez de assumir a responsabilidade por suas próprias vidas, muitas pessoas estão tentando o caminho mais fácil ao decidirem que são vítimas da sociedade, da economia, de conspiração ou outro tipo de discriminação. A mentalidade de vítima faz com que as pessoas se concentrem no que não podem, e não no que podem fazer. Essa é a receita para a derrota.

Quando Ted Williams ficou sóbrio e começou a assumir a responsabilidade pela sua vida, reconheceu que seu maior problema era a esperança. Ela estava na raiz de muitas dificuldades, e era, como ele disse, "um problema na minha vida. Eu esperava que o exército me colocasse em comunicações, embora não fosse qualificado. Eu esperava que as estações de rádio me protegessem, mesmo quando abusei de sua confiança".[9] Foi somente quando ele passou a sentir gratidão pelo que teve e assumiu a responsabilidade que sua vida começou a mudar.

> A mentalidade de vítima faz com que as pessoas se concentrem no que não podem, e não no que podem fazer. Essa é a receita para a derrota.

2. Temos uma Perspectiva Irrealista de como É a Vida

Nem sempre a vida é como gostaríamos. Seria fácil dessa forma. Seria justo. Seria mais do que bom. Não haveria dor nem sofrimento. Só trabalharíamos se tivéssemos vontade. E nunca morreríamos. Mas não é assim que a vida funciona. A vida não é fácil. Ela não é justa. Sofremos dores. Mesmo os melhores empregos incluem tarefas desagradáveis e possuem momentos difíceis. E todos nós morreremos um dia. Isso é justo? Não. A vida não é justa. Johnny Carson afirma: "Se a vida fosse justa, Elvis ainda estaria vivo e todos os seus imitadores mortos". Em certos momentos da vida, todos nós obtemos mais do que desejamos, e em outros, menos. E não há garantia de que no fim as coisas ficarão equilibradas. A Bíblia diz que Deus faz com que o sol nasça sobre os bons e os maus e que a chuva cai sobre o justo e o injusto.[10] Podemos ficar parados tentando entender o motivo. Mas buscar respostas para essa pergunta raramente ajuda. Podemos nunca saber por que as coisas acontecem. Se ficarmos parados questionando, podemos nunca progredir na vida.

Outra armadilha é comparar-se às outras pessoas. Isso pode levar a uma tremenda frustração e insatisfação, pois a pessoa sempre encontrará alguém melhor do que ela. Recentemente li algo bem-humorado escrito por uma mulher dizendo que gostaria de ser um urso. Ela escreve:

Quando se é uma ursa, você pode hibernar. Pode não fazer nada além de dormir durante seis meses. Eu poderia fazer isso. Antes de hibernar, você teria que comer além da conta. Eu poderia fazer isso também. Quando se é uma ursa, você dá à luz seus filhotes (que são do tamanho de uma noz) enquanto está dormindo e acorda quando estão parcialmente crescidos, lindos filhotinhos. Eu definitivamente poderia fazer isso. Quando se é uma mamãe urso, todos sabem que seu nome é trabalho. Você esmaga qualquer um que aborreça seus queridinhos. Se eles saem da linha, você os esmaga também. Eu poderia fazer isso. Se você for uma ursa, seu parceiro *espera* que você acorde rosnando. Ele *espera* que você tenha pernas cabeludas e excesso de gordura corporal. Sim... Serei uma ursa!"[11]

"As coisas que machucam, ensinam."
– Benjamim Franklin

Benjamim Franklin escreveu: "As coisas que machucam, ensinam". Isso é verdade, mas apenas se a pessoa se esforçar para compreender como a vida funciona e aceitar isso. Em vez de focar no *motivo* das coisas, precisamos aprender *como* as coisas funcionam. Há mais lições a serem aprendidas, e essas lições nos prepararão para as futuras batalhas.

3. Constantemente nos Engajamos na Busca do Bode Expiatório

Outro padrão em que as pessoas costumam cair quando não assumem a responsabilidade é procurar o bode expiatório. Esse é o processo criativo utilizado para apontar um culpado. Certa vez, eu estava aconselhando um homem que havia feito uma confusão em sua vida e seus relacionamentos. Ao iniciar o processo de trabalhar com essas questões ele disse: "Há três coisas erradas comigo: minha esposa, minha mãe e meu filho". Isso é buscar um culpado. Sei que as companhias de seguro recebem muitas desculpas criativas dos motoristas que se recusam a assumir a responsabilidade dos seus atos. Gosto de ler essas coisas, e espero que você também. Eis algumas das minhas favoritas:

"Quando cheguei ao cruzamento, uma névoa apareceu obscurecendo a minha visão."

"Um carro invisível saiu do nada, bateu no meu carro e desapareceu."

"O poste de telefone estava se aproximando rapidamente. Tentei desviar do seu caminho, mas ele bateu na frente do meu carro."

"A causa indireta desse acidente foi um cara baixinho em um carro pequeno com uma boca grande."

"Eu estava dirigindo meu carro há quatro anos quando dormi no volante e sofri o acidente."

"Eu estava a caminho do médico com problema na traseira quando minha junta universal quebrou, causando-me o acidente."

"Para evitar bater no para-choques do carro à minha frente, atropelei o pedestre."

O autor e editor Christopher Buckley conta uma ótima história sobre um incidente que ocorreu com o ator David Niven, que trabalhou no filme original *A Pantera Cor de Rosa*. Buckley escreve:

> Minha história de gafe favorita — nós a contamos com respeito em nossa família — aconteceu a David Niven, que era amigo do meu pai. Ele foi o homem mais bondoso da terra, não tinha nada de ruim nele. Um homem educado e cordial. Ele estava em um baile de gala e começou a conversar com um homem. Eles estavam no pé de uma majestosa escada, e duas mulheres apareceram no topo e começaram a descer. Então David cutuca o homem e diz: "Essa deve ser a mulher mais feia que já vi na vida".

O homem estufa o peito e diz: "Aquela é a minha mulher". Desesperado por uma saída, David fala: "Eu quis dizer a outra".

O homem estufa o peito mais ainda e diz: "Aquela é a minha filha".

Então David diz: "Não fui eu que falei".

Buckley prossegue dizendo: "Lá em casa chamamos isso de 'A Defesa David Niven'. Ela é muito útil".[12]

Qualquer forma de tentativa para encontrar um culpado pode ser útil no momento, mas não ajuda em longo prazo. Não se pode crescer e aprender caso você esteja empenhado em encontrar outra pessoa para culpar em vez de olhar para as suas próprias falhas.

4. Nós Desprezamos a Opção de Controlar nossa Vida

Quem é responsável pelo que acontece em sua vida? Você acredita que deveria assumir a responsabilidade? Ou acha que está fora do seu controle e que pouco ou nada pode fazer a respeito?

Os psicólogos afirmam que algumas pessoas possuem o *locus* de controle *interno*, dependem principalmente de si mesmos para os ganhos e perdas em suas vidas. Outros possuem o *locus* de controle *externo*, onde culpam as outras pessoas quando algo vai mal. Qual grupo é mais bem-sucedido? O grupo que assume a responsabilidade. Quais pessoas aprendem com seus erros e continuam crescendo e melhorando? As pessoas que assumem a responsabilidade.

Assumir a responsabilidade da sua vida é uma opção. Não significa que você possui o controle de tudo que acontece em sua vida, isso não é humanamente possível. Mas você pode assumir a responsabilidade por si próprio e por cada escolha. Adoro a forma como o quiroprático e autor Eric Plasker enxerga nossas opções em uma lista chamada "Eu Escolho a Minha Vida". Você pode estar tentado a se apressar para ler as linhas que se seguem, mas, por favor, não faça isso. Existe uma percepção a ser obtida em muitas dentre as opções que Plasker reúne:

Escolho morrer.
Escolho odiar.
Escolho fechar.
Escolho chorar.
Escolho negar.
Escolho ignorar.
Escolho estar certo.

Escolho viver.
Escolho amar.
Escolho abrir.
Escolho sorrir.
Escolho acreditar.
Escolho ouvir.
Escolho relatar.

Escolho dispersar.
Escolho trabalhar.
Escolho a raiva.
Escolho o desespero.
Escolho desistir.
Escolho sofrer.
Escolho destruir.
Escolho falhar.
Escolho extinguir.
Escolho sobreviver.
Escolho seguir.
Escolho me despreocupar.
Escolho minhas opções.

Escolho focar.
Escolho desempenhar.
Escolho aceitar.
Escolho a esperança.
Escolho persistir.
Escolho curar.
Escolho criar.
Escolho vencer.
Escolho renovar.
Escolho superar.
Escolho liderar.
Escolho me comprometer.
Escolho a minha vida.[13]

O abolicionista Henry Ward Beecher disse: "Deus não pergunta ao homem se ele aceita a vida. Ela não é uma opção. Você precisa aceitá-la. A única escolha é como". Qual é a sua postura quanto à vida? Você permitirá que a vida simplesmente aconteça? Ou analisará suas opções com entusiasmo e responsabilidade?

"Deus não pergunta ao homem se ele aceita a vida. Ela não é uma opção. Você precisa aceitá-la. A única escolha é como."
– Henry Ward Beecher

5. Eliminamos qualquer Possibilidade de Crescimento em Direção ao Sucesso

Quando falhamos ao assumir a responsabilidade, não apenas desenvolvemos a mentalidade de vitima, abraçamos a falsa perspectiva de como a vida realmente é, nos dedicamos a encontrar um bode expiatório e desprezamos a opção de controlar nossas vidas, como também eliminamos qualquer possibilidade de crescimento para o sucesso. E essa é a verdadeira tragédia quando não assumimos a realidade.

O verdadeiro sucesso é uma jornada. Precisamos buscá-lo conscientes de que é um processo de longo prazo. Precisamos persistir, focados e prosseguindo. As desculpas são como saídas da estrada do sucesso que não nos levam a lugar algum. Pegar a saída é fácil, mas ela nos tira do caminho. É impossível viver de desculpa em desculpa. Assim, precisamos voltar para a estrada e continuar caminhando por ela.

Se desejarmos fazer alguma coisa e assumirmos a responsabilidade, encontraremos uma forma. Caso contrário, encontraremos uma desculpa. Isso pode aliviar a pressão e nos fazer sentir melhor em curto prazo, mas em longo prazo ela não nos levará ao sucesso. Richard Bach disse: "Argumente sobre as suas limitações e certamente elas serão suas". Posso não gostar, mas sou responsável por quem eu sou e onde estou hoje. Minha circunstância no presente é resultado direto das minhas escolhas passadas. Meu futuro será resultado dos meus pensamentos e atitudes atuais. Sou responsável e você também.

As perdas são inevitáveis, mas as desculpas são opcionais.

O que Acontece quando Aprendemos a Ser Responsáveis?

No livro *You Gotta Keep Dancin'* [A Vida Continua], Tim Hansel diz: "A dor é inevitável, mas o sofrimento é opcional". Algo parecido pode ser dito quando o assunto é responsabilidade. As perdas são inevitáveis, mas as desculpas são opcionais. Quando passamos das desculpas para a responsabilidade, nossa vida começa a mudar radicalmente. Eis como:

1. Damos nosso Primeiro Passo para o Aprendizado

Ao assumir a responsabilidade, você assume a responsabilidade pelo seu aprendizado. Quanto mais cedo fizer isso, melhores serão os resultados em potencial. O professor e jornalista e ganhador do prêmio Pulitzer William Raspberry tinha um bom conselho a respeito da importância de assumir a responsabilidade e fazer as escolhas certas quando somos jovens. Ele observou:

> Se você deseja ser conhecido como um pilar sólido e confiável da nossa comunidade quando tiver 50 anos, não pode ser uma pessoa esbanjadora e que pega atalhos aos 25... O momento de se preocupar com a sua reputação é antes de *ter* uma. Você determina sua reputação ao decidir quem e o que você é e ao manter essa visão elevada de si mesmo em mente, mesmo quando estiver no ápice dos bons momentos.

Se você assumir a responsabilidade quando jovem, terá uma chance melhor de obter sabedoria ao ficar mais velho. Para alguns de nós, demora muito tempo. Algumas vezes sinto que somente depois de fazer 65 anos é que comecei a compreender a vida. Agora que sou oficialmente um idoso, posso dizer duas coisas sobre a minha vida. Primeiro, ela tem tido muitas supresas. Minha vida não foi como pensei que seria. Algumas coisas foram muito melhores do que eu imaginava, outras piores. Não importa quem você seja, é impossível saber como será a sua vida.

Segundo, contanto que eu assuma a responsabilidade pelas coisas que posso controlar em minha vida e tentar fazer o meu melhor para aprender com elas, posso ficar satisfeito. Infelizmente, meu desafio pessoal tem sido me controlar para não controlar as coisas fora da minha esfera de influência. Sempre que estou me excedendo e as coisas vão mal, isso me faz perder o foco, gastar energia e sentir-me desencorajado. Essa tem sido uma lição difícil para mim.

Se conseguir encontrar o equilíbrio certo onde você assume a responsabilidade das coisas que pode controlar e abrir mão das coisas que não pode, você irá acelerar o processo de aprendizado. Mesmo que aprenda a lição mais tarde, você ainda pode se beneficiar dela. Ted Williams vivenciou isso. Ele tinha 50 anos quando finalmente deu aquele primeiro passo. Como resultado, ele está aprendendo, crescendo e melhorando a sua vida.

2. Vemos as Coisas sob a Ótica Certa

Assumir a responsabilidade não significa levar-se muito a sério. Quando a pessoa faz isso, ela transfere uma perspectiva negativa para outras áreas da sua vida. Henri Frederic Amiel disse: "Nunca podemos ficar mais descontentes com as outras pessoas do que estamos com nós mesmos". Assumir a responsabilidade não significa cultivar uma atitude negativa. Isso significa cultivar uma atitude negativa. Significa estar disposto a ver as coisas sob uma perspectiva melhor.

Conheci pessoas que permitem que suas perdas os sobrecarreguem. Eles dizem coisas como: "Aquele incidente arruinou a minha vida" ou "Aquela pessoa me tira do sério". A verdade é que nada pode arruinar a sua vida ou tirá-lo do sério sem a sua permissão! Se você estiver pensando assim, pare imediatamente. Você tem o poder de escolher outra forma de pensar, e pode aprender a fazer isso mantendo a perspectiva correta.

Em 2009, quando o jogador de golfe Tom Watson tinha 59 anos, ele disputou o torneio Aberto da Inglaterra em um campo muito difícil. Ele não vencia um grande torneio há vinte e cinco anos, porém estava na liderança antes da tacada final. Ele venceria caso conseguisse um par de quatro no buraco final. Mas sua segunda tacada deu um salto e foi muito além da grama. Ele terminou com um bogey, que o levou à final com Stewart Cink, que venceu o torneio.

> "Nunca podemos ficar mais descontentes com as outras pessoas do que estamos com nós mesmos."
>
> – Henri Frederic Amiel

Que perda decepcionante. Os membros da mídia ficaram em silêncio na tenda da imprensa após a derrota de Watson. Qual seria a reação do veterano do golfe? "Isso não é um funeral, sabiam?", brincou ele. Ele pôde brincar porque viu as coisas sob a perspectiva correta. Não era o fim do mundo para ele. Os melhores aprendizes são pessoas que não encaram suas perdas e falhas como permanentes. Eles as veem como temporárias. Ou como Patricia Sellers disse certa vez: "As mais bem-sucedidas [pessoas] a reagir encaram a falha não como um câncer, ao contrário, como a puberdade: estranha e desconfortável, porém uma experiência transformadora que precede a maturidade".[14]

3. Paramos de Repetir as nossas Falhas

Qual é a principal diferença entre as pessoas bem-sucedidas e as que não são? Não é falhar. Os dois grupos falham; no entanto, os que assumem a responsabilidade aprendem com as suas falhas e *não as repetem*.

Se pensar sobre o assunto, como você aprendeu a andar quando era um bebê? Você tentou algo que não deu certo e caiu. Então tentou outra coisa que não deu certo, e caiu. Você provavelmente tentou *centenas* de vezes — talvez milhares — todas elas mostraram o que *não* dava certo quando o assunto era andar. Finalmente você tentou algo que *funcionou*.

Foi assim que você aprendeu a andar, comer, falar, andar de bicicleta, atirar uma bola e todas as outras tarefas básicas da vida. Como poderia pensar em chegar a qualquer lugar onde pudesse aprender sem cometer falhas e enganos? Se quiser aprender mais precisa fazer mais. Mas você também precisa prestar atenção ao que *não* está dando certo e fazer os ajustes necessários.

Em seu audiolivro *The Psychology of Achievement* [A Psicologia da Realização], Brian Tracy nos fala sobre quatro homens que ficaram milionários aos 35 anos. Ele conta que cada um estava envolvido em uma média de dezessete negócios antes de encontrar o certo. Qual é a mensagem? Para vencer, você não pode ficar tentando a mesma coisa várias vezes. Precisa parar, assumir a responsabilidade das suas escolhas, refletir sobre o que deu errado e o que deu certo, fazer os ajustes e tentar novamente. Essa é a única forma de alcançar o sucesso.

William Moulton Marston, o criador da Mulher Maravilha, afirmou: "Todo sucesso que conheço foi alcançado porque a pessoa conseguiu analisar a derrota e tirar vantagem dela no próximo projeto". A derrota não é o melhor professor. Tampouco a experiência. Apenas a experiência avaliada nos ensina. É aí que está o proveito de qualquer experiência que vivemos.

> "Todo sucesso que conheço foi alcançado porque a pessoa conseguiu analisar a derrota e tirar vantagem dela no próximo projeto."
> – William Moulton Marston

4. Ficamos mais Fortes
Eleonor Roosevelt observou: "Você ganha força, coragem e confiança a cada experiência que para de olhar com medo. Você pode dizer para si mesmo: 'Sobrevivi a esse horror. Posso enfrentar o que vier pela frente'. Você precisa fazer aquilo que pensa não ser capaz".

Cada vez que assume a responsabilidade, enfrenta seu medo, e prossegue a despeito dos fracassos, falhas, enganos e decepções, você fica mais forte. E se continuar fazendo as coisas que precisa fazer quando tem que fazê-las, chegará o dia em que você poderá fazer o que quiser e quando quiser.

Essa habilidade é obtida apenas se você assumir a responsabilidade de tornar-se a pessoa que Deus o criou para ser. Em seu livro *Confidence: How to Suceed at Being Yourself* [Confiança: Como ser Bem-Sucedido Sendo Você Mesmo], Alan McGinnis escreveu:

> Quando o rabino hassídico Zuscha estava em seu leito de morte, perguntaram-lhe como ele achava que era o Reino de Deus. Ele respondeu: "Não sei. Mas uma coisa eu sei. Quando chegar lá, não vão me perguntar: 'Por que você não foi Moisés? Por que você não foi Davi?' Vão me perguntar: 'Por que você não foi Zuscha? Por que você não foi totalmente você?'"[15]

Precisamos fazer uma pergunta similar: Estamos sendo nós mesmos? Estamos assumindo a responsabilidade completa por aquela tarefa? Se nossa resposta for sim, ela nos fortalece a cada dia.

5. Damos Significado às nossas Palavras por meio do nosso Comportamento

O passo definitivo ao assumir a responsabilidade é nos assegurarmos de que nossas atitudes estejam alinhadas com as nossas palavras. Jeff O'Leary, autor do livro *The Centurion Principles* [Os Princípios do

"Assine seu trabalho ao final de cada dia. Se não puder fazer isso, procure outra profissão."

– Jeff O'Leary

Centurião], alertou: "Assine seu trabalho ao final de cada dia. Se não puder fazer isso, procure outra profissão". Se você está disposto a colocar seu nome em tudo o que faz, isso demonstra um alto nível de integridade. Colocar sua vida em jogo indica um nível ainda mais alto.

É o que a autora e consultora Frances Cole Jones descreve em seu livro *The Wow Factor* [O Fator Surpresa]. Ela escreve:

Na marinha americana, "montadores" — pessoas que dobram os paraquedas para outros marinheiros — devem pular pelo menos uma vez por mês. Quem dobrou o paraquedas que usarão? Eles mesmos: Um dos paraquedas que *eles* dobraram para outros usarem é escolhido a esmo e o montador tem que "pular com ele". Esse sistema assegura que ninguém seja desleixado — afinal, "O paraquedas que você está dobrando pode ser o seu próximo".

O exército romano utilizava uma técnica semelhante para assegurar-se de que pontes e aquedutos fossem seguros: A pessoa que desenhava os arcos tinha que ficar sobre cada um enquanto o andaime era removido.

Se você deseja que sua empresa dure mais do que as pontes romanas, pergunte-se se todos são *realmente* responsáveis pelos resultados dessas medidas — e se você mesmo também é. Você desempenha cada tarefa com a concentração e compromisso que deveria se uma vida dependesse de você?[16]

Pode parecer uma hipérbole quando Jones pergunta se você está assumindo a responsabilidade das tarefas que executa como se sua vida delas dependesse, mas isso não é realmente extremo. Por quê? Porque nossa vida *depende* do que fazemos. Ted Williams levou mais de cinquenta anos para aprender essa lição e isso quase custou sua vida. Mas os desafios não são menores para você e para mim. A vida que temos é a única que teremos aqui na terra, e ela não é um ensaio. Cada minuto que perdemos foi-se para sempre. Podemos escolher assumir a responsabilidade pelo que fazemos ou dar desculpas.

Espero que, como eu, você esteja escolhendo enfrentar a realidade e assumir a responsabilidade. Se fizer isso, então estará pronto para se esforçar e focar no aperfeiçoamento, que é o assunto do próximo capítulo.

5

Aperfeiçoamento: O Foco do Aprendizado

Como você fica a par dos acontecimentos locais, eventos nacionais e internacionais e as últimas atualizações relacionadas à sua carreira e áreas de interesse? A maioria das pessoas visita as redes sociais, seus blogs favoritos e assistem a vídeos na internet. Você pode obter quase que qualquer informação desejada na ponta dos dedos usando um smartphone, tablet ou computador.

A Informação antes da Internet

Em minha juventude, as coisas eram muito diferentes. O acesso às notícias e informações requeria um pouco mais de esforço. A maioria das pessoas lia o jornal para saber o que estava acontecendo no mundo. As últimas notícias podiam ser ouvidas no rádio. E se quisesse fazer uma pesquisa mais avançada, a pessoa teria que ir à biblioteca. Mas isso começou a mudar nos anos 50 com o advento da televisão, e estourou nos anos 60 com o estabelecimento dos noticiários noturnos nas redes de televisão.

O incontestável campeão desses programas, a pessoa que os consolidou em cada lar por todos os Estados Unidos foi Walter Cronkite. De 1962 a 1981, Cronkite foi âncora do programa *CBS Evening News*. As pessoas o chamavam de "Tio Walter", pois ele era muito amado e respeitado. Na verdade, em 1972, duas pesquisas revelaram que ele era o "homem mais confiável da América".[1] Ele deu as notícias do assassinato de John F. Kennedy, Martin Luther King Jr. e Bob Kennedy. Cobriu a aterrissagem da Apolo 11 na lua bem como a quase trágica missão da Apolo 13 que precisou ser abortada. Ele cobriu o Watergate, a Guerra do Vietnã e a crise dos reféns no Irã. Deu as notícias durante as mais recheadas décadas da história americana moderna. E muitos o consideravam o melhor. Brian Williams, o atual âncora da *NBC Nightly News*, disse: "Ele foi o pai fundador da nossa profissão".[2]

Cronkite começou como repórter de um jornal e passou vários anos trabalhando para a United Press, no serviço de comunicação. Como correspondente de guerra, cobriu corajosamente a Segunda Guerra. Ele sobrevoou o território inimigo com as tropas, esteve a bordo de um bombardeiro B-17 em uma missão de bombardeio sobre a Alemanha e cobriu a Batalha da Bulgária. Andy Rooney, que se tornou um colaborador de longo prazo do programa *60 Minutos*, conheceu Cronkite na Europa durante a guerra. Nos anos 90, anos após Cronkite aposentar-se, Ronney disse: "Qualquer que pensar em Walter Cronkite hoje como a figura paterna autoritária do noticiário da televisão ficaria surpreso ao saber que aquele homem durão e competitivo trabalhou no antigo e tradicional Front Page. Ele se tornou o melhor ancora que já existiu na televisão porque conhecia uma notícia assim que a via e se importava com ela. Ele era um curioso incansável. O assunto de suas entrevistas sempre dava a impressão de que Cronkite estava interessado no que ele tinha a dizer e conhecia bem sobre o assunto".[3]

Cronkite era excelente, mas não começou dessa forma. Sua carreira foi bem-sucedida porque ele estava dedicado a continuar melhorando. Ele aprendeu essa lição quando foi contratado para narrar os jogos de futebol da universidade de Oklahoma. Cronkite era um locutor competente, mas não conhecia o nome dos jogadores, pois não era fã de futebol. Então ele bolou um plano para ajudá-lo a identificar os jogadores durante a transmissão. "Desenvolvi uma placa elétrica na qual os observadores dos times opostos poderiam, apenas ao apertar um botão, identificar para mim o nome do jogadores envolvidos em cada jogada", lembra Cronkite.

Cronkite confiantemente se preparou para sua primeira locução com os altos executivos da estação e os patrocinadores presentes. Mas os problemas chegaram logo na primeira jogada. "Meus observadores não valiam um centavo e a placa elétrica não valia nada", lembra Cronkite. Ele não conseguia identificar os jogadores. Ele tentou encontrar a informação no programa, e à medida que o jogo se desenrolava, seu comentário jogada por jogada deu errado. A reação da multidão precedeu sua descrição. Nas palavras de Cronkite, "A locução foi um desastre".[4] Surpreendentemente, os executivos da estação concordaram em lhe dar uma segunda chance, mas ele sabia que para ter sucesso precisaria melhorar de modo significativo. Assim, Cronkite desenvolveu um novo plano. Ele explica:

> Recrutei como meu observador para apertar os botões da minha máquina elétrica outro funcionário da estação. Ele e eu memorizamos os nomes, números, idades, características físicas e cidades de origem de cada um dos trinta e quatro membros de cada time de cada universidade que jogou — e, é claro, o mesmo para a Universidade de Ohio.

Passamos três ou quatro horas por dia exercitando a memória. Um de nós deveria citar um único fato sobre cada jogador — nome ou número. O outro teria que fornecer todos os outros detalhes da sua biografia no futebol.

Foi um trabalho extenuante e difícil que começou na segunda-feira e terminou exatamente a tempo do jogo de sábado. Perdemos muitas festas que acompanhavam os finais de semana do futebol. Mas a prática funcionou, e nossas transmissões foram muito bem-sucedidas no segundo jogo.

Essa experiência logo cedo em minha carreira de locutor me ensinou uma valiosa lição... Para cada história que haveria de cobrir, eu pesquisava todo o material disponível sobre o evento, a origem e as principais pessoas envolvidas. E eu não elaboro planos ou maquinário para economizar trabalho que possam permitir pular esse passo essencial para fazer meu trabalho até o limite absoluto da minha habilidade. Meu lema: Não existem atalhos para a perfeição.[5]

Como Você Age?

A maioria de nós não espera alcançar a perfeição. Mas desejmos realizar as coisas em um nível mais alto. Isso requer aperfeiçoamento. Já foi dito que as três palavras mais difíceis são: "Eu estava errado". Quando cometemos um engano ou falhamos, como Cronkite em sua primeira narração do jogo de futebol, não queremos admitir. Ao contrário, costumamos fazer uma das coisas que se seguem:

- **Explodir:** Reagimos com raiva, ressentimento, culpa, racionalização e compensação.
- **Esconder:** Tentamos encobrir nossos erros para proteger a nossa imagem e a nós mesmos. A pessoa que comete o erro e então dá uma desculpa por ele cometeu dois erros.
- **Voltar atrás:** Nós recuamos e começamos a nos distanciar daqueles que podem descobrir o nosso erro.
- **Desistir:** Levantamos nossas mãos e desistimos. Nunca abordamos o erro de forma saudável.

Reagimos como o jovem piloto da Marinha que estava engajado nas manobras. O almirante havia pedido silêncio absoluto no rádio. Porém o jovem piloto ligou seu rádio por engano e o ouviram murmurando: "Rapaz, estou enrolado!"

O almirante ordenou que todos os canais fossem abertos e disse: "O piloto que quebrou o silêncio do rádio identifique-se agora imediatamente!"

Houve um longo silêncio até que a voz do piloto foi novamente ouvida: "Estou enrolado, mas não tão enrolado!"

Certo, essa é uma piada boba, mas existem pessoas que agem dessa forma na vida real. Por exemplo, John H. Holliday, fundador e editor do *Indianapolis News*, entrou irado na sala de composição querendo saber quem havia escrito uma palavra errada em inglês. Em vez de escrever *height* (altura), alguém escreveu *hight*. Uma verificação da cópia original mostrou que ele mesmo havia sido o responsável pelo erro de ortografia. Ao tomar conhecimento, ele disse: "Bem, se foi assim que eu escrevi, deve estar certo". Nos trinta anos seguintes, o jornal *Indianapolis News* escreveu a palavra *height* de forma errada. Essa é a antítese da reação de Cronkite.

Critérios para o Aperfeiçoamento

A Idade da Pedra não terminou porque as pedras acabaram. Ela terminou porque as pessoas continuaram aprendendo e se aperfeiçoando. O desejo de melhorar está no DNA das pessoas de sucesso. O aperfeiçoamento tem sido minha paixão pessoal há muitos anos. Parte disso envolve esforço para executar melhor minhas tarefas a cada dia, mas o desejo de melhorar também tem me impulsionado a estudar as outras pessoas que dividem essa paixão. Isso me ajudou a aprender coisas importantes quando o assunto é aperfeiçoamento, as quais desejo passar para vocês.

1. Aperfeiçoar-se como Pessoa É o Primeiro Passo para Melhorar as demais Coisas

Há alguns anos eu estava liderando uma mesa redonda com vinte pessoas muito bem-sucedidas. Um homem expressou sua frustração por estar estagnado em sua vida pessoal e profissional. Ele perguntou: "Como posso evitar essa situação?" À medida que o questionávamos, ele foi se abrindo e fizemos uma descoberta. Ele estava mais preocupado com seu sucesso pessoal do que com seu crescimento pessoal. Isso era um empecilho.

O sucesso nem sempre traz crescimento, mas o crescimento pessoal sempre contribuirá para seu sucesso. A maior recompensa pela nossa labuta não é o que conseguimos *ganhar* com ela, mas o que nos tornamos *através* dela. A pergunta mais importante não é "O que estou conseguindo?", mas "No que estou me tornando?".

Os escritores Warren Bennis e Burt Nanus afirmaram: "É a capacidade de se desenvolver e melhorar que distingue os líderes dos seguidores".

Essa mesma capacidade é também o que separa as pessoas de sucesso das que não são bem-sucedidas. E essa habilidade está se tornando mais importante a cada dia.

O mundo está progredindo a uma incrível velocidade. No início desta seção, brinquei sobre a Idade da Pedra. Alguns arqueólogos acreditam que esse período durou milhões de anos. A Idade de Bronze, que se seguiu, durou em torno de dois mil anos. A Idade do Ferro, depois dela, durou menos do que mil anos. Cada período da história tecnológica demorou menos e menos.

> "É a capacidade de se desenvolver e melhorar que distingue os líderes dos seguidores."
> – Bennis e Nanus

Na era moderna, o conhecimento, a tecnologia e as melhorias continuam aceleradas. Agora que vivemos na idade da informação, o mundo está avançando ainda mais rápido. Os economistas da UC Berkley calcularam recentemente que no ano 2000, o montante total de informação produzida a nível mundial foi o equivalente a trinta e sete mil vezes mais vezes informação do que todo o acervo da Biblioteca do Congresso Americano. Em 2003, o montante de nova informação criada foi mais do que o dobro disso.[6] E esses números foram calculados antes de existirem Twitter, Facebook, YouTube e outros opções de geradores de informação.

A conclusão é clara. Se você não estiver avançando, o mundo vai deixá-lo para trás. Se você quiser melhorar a sua vida, sua família ou qualquer outra coisa, precisa se aperfeiçoar em primeiro lugar.

2. O Aperfeiçoamento Exige que Abandonemos a nossa Zona de Conforto

O novelista Fiódor Dostoévski observou: "Dar um novo passo, proferir uma nova palavra, é o que as pessoas mais temem". Na verdade, as pessoas deveriam temer o oposto — não dar o passo. Por quê? Porque se não sairmos da nossa zona de conforto para o desconhecido, não poderemos melhorar e crescer. A segurança não nos impulsiona. Ela não nos ajuda a vencer os obstáculos. Ela não leva ao progresso. Você nunca chegará a lugar algum interessante se fizer sempre o que é seguro. Você precisa abandonar a segurança para melhorar.

O que é preciso para que saiamos da nossa zona de conforto? Observei que são necessárias duas coisas:

Lidar com a nossa Aversão a Cometer Erros

Jack V. Matson, professor emérito de energia ambiental na Universidade da Pensilvânia e diretor fundador do Leonhard Center for Enhancement of Engeneering Education [Centro Leonhard para Desenvolvimento do Estudo de Engenharia], desenvolve cursos de inovação e design baseados em "falha rápida de inteligência". Sua filosofia é estimular a criatividade ao encorajar alunos a correrem o risco de falhar e perceber que a falha é essencial para o sucesso.

Quando estava ensinando na universidade de Houston, ele criou um curso chamado Falha 101 e organizou a conferência internacional "Celebrando as Falhas".[7] No seu curso Falha 101, Matson fez com que sua classe usasse palitos de picolé para construir modelos de produtos que ninguém compraria — de banheiras para hamster a pipas para serem empinadas durante furacões. Matson conta que seus alunos aprenderam a equiparar os fracassos com a inovação em vez de derrota, e isso os libertou para saírem da sua zona de conforto e tentar coisas novas.

Podemos aprender muito com Matson. Precisamos falhar logo para que possamos tirar isso do caminho. Se não falhamos ou cometemos erros, significa que estamos muito seguros. O *expert* em gerenciamento Peter Drucker explicou: "Eu não promoveria uma pessoa que nunca tivesse cometido erros... de outra forma ela certamente seria medíocre".

Os erros não são fracassos. Eles são a prova de que estamos nos esforçando. Quando compreendemos isso, somos capazes de sair mais facilmente da nossa zona de conforto, tentar algo novo e melhorar.

Vencer a Vida Controlada pelos Sentimentos

Cal Ripken Jr., o lendário interbases do Baltimore Oriole, jogou mais partidas consecutivas de beisebol do que qualquer outro jogador: 2.632 jogos. Isso significa que ele não perdeu um único jogo em mais de dezesseis temporadas!

Ao perguntarmos se alguma vez ele foi para o campo com dores e fadiga, Ripken respondeu: "Sim, quase todas as vezes".

Ripken não permitiu que seus sentimentos — mesmo a dor física — o controlassem ou o impedissem de jogar. Ele passava por cima deles. Se queremos ser bem-sucedidos em sair da nossa zona de conforto para que possamos nos aperfeiçoar, precisamos seguir seu exemplo.

O aperfeiçoamento requer compromisso da superação da disposição enfraquecida. O palestrante Peter Lowe me disse certa vez: "O traço mais comum que encontrei nas pessoas de sucesso é que elas vencem a tentação de desistir". Não sermos controlados pelos nossos sentimentos significa que podemos enfrentar nossos medos, sair da nossa zona de conforto e tentar coisas novas. Essa é uma parte importante da inovação.

> "O traço mais comum que encontrei nas pessoas de sucesso é que elas vencem a tentação de desistir."
> – Peter Lowe

3. O Aperfeiçoamento não É Satisfeito com Soluções Rápidas

Vivemos em uma sociedade com o mal do destino. Muitas pessoas querem fazer o suficiente para "chegar lá", e então querem se aposentar. Meu amigo Kevin Myers explica desta forma: "Todos buscam uma saída rápida, mas o que eles realmente necessitam é aptidão. As pessoas que buscam soluções rápidas param de fazer o que é certo quando a pressão é aliviada. As que buscam a aptidão fazem o que deveria ser feito". Isso é verdade. Os perdedores não perdem porque mantêm o foco na perda. Eles perdem porque se concentram apenas em dar um jeito.

O aperfeiçoamento não ocorre para pessoas que insistem nas soluções rápidas. Ele acontece às pessoas mais lentas, porém firmes, que continuam trabalhando e melhorando. Se você possui a mentalidade da solução rápida, então precisa mudar para a melhora contínua. Isso significa fazer duas coisas:

> Os perdedores não perdem porque mantêm o foco na perda. Eles perdem porque se concentram apenas em dar um jeito.

Aceitar o Fato de que o Aperfeiçoamento É uma Batalha sem Fim

Acredito que todos nós nos identificamos com o poeta Carl Sandberg: "Existe uma águia em mim que deseja subir e um hipopótamo em mim que deseja chafurdar na lama". A chave para o sucesso é encontrar o impulso para voar maior do que o desejo de chafurdar. E essa é uma batalha sem fim — ao menos tem sido para mim. Acredito que qualquer pessoa bem-sucedida diria honestamente: "Cheguei ao topo da forma mais difícil — lutando com minha própria preguiça e ignorância a cada passo do caminho".

O autor e especialista em liderança Fred Smith, que foi meu mentor durante muitos anos, disse que algo na natureza humana nos faz querer encontrar um platô e lá permanecer confortavelmente. Ele estava descrevendo a tentação de desistir da luta pela melhora. Fred afirmou: "É claro que todos nós precisamos de um platô por um tempo. Escalamos e então paramos para assimilar. Mas tendo uma vez assimilado o que aprendemos, subimos novamente. É triste quando subimos nosso último degrau, estamos velhos, quer seja aos quarenta ou aos oitenta".

Se você estiver iniciando sua jornada para melhorar, não se desanime. Não interessa seu ponto de partida. Todos que chegaram onde estão, começaram onde estavam. O que importa é onde você termina. E você chega lá ao continuar a lutar a batalha para melhorar. Ao fazer isso, tenha o seguinte lema:

Não estou onde deveria,
Não sou o que queria ser,
Mas não sou o que eu era.
Não aprendi como chegar;
Aprendi apenas a continuar.

Se conseguir viver essas palavras, você, por fim, será bem-sucedido.

Aceitar o Fato de que o Aperfeiçoamento É Resultado de Pequenos Passos

As pessoas estão em busca do segredo do sucesso. Elas querem uma receita mágica, uma resposta fácil, uma única coisa que as impulsionará para a fortuna e a fama. O sucesso não costuma acontecer dessa forma.

Como observou Andrew Wood, "O sucesso na maioria das vezes não vem de um destino fatal, mas de um progresso simples e gradual".

Isso é entediante, não? Pode não ser animador, mas é verdade. Pequenas diferenças ao longo do tempo fazem uma grande diferença! A melhora é alcançada aos poucos, não em passos gigantes.

> **Pequenas diferenças ao longo do tempo fazem uma grande diferença! A melhora é alcançada aos poucos, não em passos gigantes.**

Quando era jovem, eu via e ouvia uma pessoa bem-sucedida e dizia a mim mesmo: "Nunca vou conseguir isso". Então ficava desencorajado. Por quê? Por que via um abismo gigante entre aquela pessoa e eu. A diferença entre onde eu estava e onde aquela pessoa estava parecia ser intransponível. Mas o que eu não percebia naquela época era que o progresso daquelas pessoas era devido aos ganhos que haviam conquistado em pequenos passos — pequenas vitórias de boa vontade, alguns momentos de negações de si mesmos, fé nas coisas pequenas. A maioria das pessoas não estava atenta aos seus degraus escondidos. Como eu, elas viram apenas o acúmulo dos seus resultados.

O escritor e artista Elbert Hubbard observou: "A linha divisória entre o sucesso e o fracasso é tão tênue que mal notamos ao cruzá-la — tão fina que estamos sempre em cima dela e não percebemos. Quantas vezes as pessoas entregam os pontos quando um pouco mais de trabalho, esforço ou paciência teriam sido suficientes para alcançar o sucesso?" É por isso que precisamos nos dedicar aos pequenos passos para melhorar. Quem sabe se o próximo pequeno passo irá proporcionar a superação que estamos buscando?

4. O Aperfeiçoamento Depende do Compromisso Diário

Certa vez, perguntaram a David D. Glass, presidente e diretor executivo do Walmart, por que admirava Sam Walton, o fundador da organização. Sua resposta foi: "Desde que o conheci, não houve um dia em sua vida que ele não tenha aperfeiçoado de alguma forma". Que feito! Isso demonstra um grande compromisso para um aperfeiçoamento contínuo.

Bem cedo em meu desenvolvimento na jornada do crescimento pessoal, ouvi algo de Earl Nightingale que mudou a minha vida. Ele disse: "Se você estudar um assunto diariamente por uma hora, cinco dias por semana, em cinco anos se tornará um *expert* naquela área". Foi então que assumi o compromisso diário de me aperfeiçoar na área de liderança.

Algumas coisas simplesmente precisam ser feitas todos os dias. Você conhece o velho ditado: "Uma maçã por dia mantém o médico longe"? Bem, comer sete maçãs de uma só vez não proporcionará o mesmo benefício. Se quiser se aperfeiçoar, o crescimento intencional precisa ser um hábito. O hábito é algo que faço continuamente, não de vez em quando. A motivação pode mantê-lo na ativa, mas os hábitos positivos que você desenvolve e pratica com regularidade é o que o faz continuar melhorando.

À medida que trabalhei para o aperfeiçoamento diário, duas palavras me ajudaram a permanecer na linha. A primeira é *intenção*. Cada manhã, ao iniciar meu dia, meu objetivo é aprender algo naquele dia. Isso desenvolve minha mentalidade para buscar coisas que me ajudarão a melhorar.

A outra palavra é *contemplação*. O tempo é essencial para o autoaperfeiçoamento. Quando passo algum tempo pensando sobre meus desafios, experiências e observações, isso permite que eu ganhe perspectiva.

> "As palavras mais importantes que pronunciaremos são as que dizemos para nós mesmos, sobre nós mesmos, quando estamos sozinhos."
> – Al Walker

Posso avaliar quaisquer perdas e aprender com elas. A minha contemplação também proporciona tempo para o autodiálogo positivo. O humorista motivacional Al Walker afirmou: "As palavras mais importantes que pronunciaremos são as que dizemos para nós mesmos, sobre nós mesmos, quando estamos sozinhos". Durante essas "conversas", podemos vencer a nós mesmos fazendo-nos sentir realmente pequenos, ou podemos aprender e nos motivar para nos tornarmos ainda melhores.

Se você deseja passar uma parte de cada dia tentando aperfeiçoar-se, talvez queira começar fazendo a si mesmo três perguntas ao final do dia, como eu faço. São elas:

- O que aprendi hoje? O que falou tanto ao meu coração quanto à minha mente?
- Como eu cresci hoje? O que tocou meu coração e afetou minhas atitudes?
- O que eu farei diferente? A menos que possa falar especificamente o que pretendo fazer diferente, nada aprenderei.

Uma das coisas que *não* faço é me comparar a outras pessoas nesse momento. Existe um motivo para isso. Meu desejo não é ser superior a ninguém. Desejo ser superior apenas ao meu antigo eu. A intenção e a contemplação me ajudarão a fazer isso.

Faça o Aperfeiçoamento Intencional

O aperfeiçoamento está ao alcance de qualquer pessoa, não importa quão experiente, inexperiente, educada ou ignorante, rica ou pobre ela seja. Para iniciar o aperfeiçoamento hoje, faça essas três coisas:

1. Decida que Você É Digno de Aperfeiçoamento

Para aperfeiçoar-se, você precisa acreditar que pode. O autor Denis Whitley tem uma definição maravilhosa para desenvolvimento pessoal. Ele diz que isso é a convicção de que há valor em seus sonhos. "O desenvolvimento pessoal é a certeza de que você é digno do esforço, do tempo e da energia necessária para desenvolver-se. Ele dá permissão para que você invista em si mesmo para que possa desenvolver seu próprio potencial".

Você pode investir em si próprio. Você não precisa do sonho de outras pessoas, apenas dos seus. E você não precisa se tornar nada além da melhor versão de si mesmo. O grande filósofo Thomas Carlyle escreveu certa vez: "Que cada um se torne tudo o que foi criado para ser". Não consigo pensar em uma definição melhor de sucesso. A vida nos desafia diariamente a desenvolvermos nossas capacidades ao máximo. Somos bem-sucedidos quando buscamos o melhor dentro de nós — quando damos o melhor de nós mesmos. A vida não requer que estejamos sempre no topo. Ela pede somente que façamos o nosso melhor para nos aperfeiçoarmos em qualquer nível de experiência em que nos encontremos.

> "O desenvolvimento pessoal é a certeza de que você é digno do esforço, do tempo e da energia necessária para desenvolver-se. Ele dá permissão para que você invista em si mesmo para que possa desenvolver seu próprio potencial."
> – Denis Whitley

2. Escolha uma Área para Aperfeiçoar

Conheço uma história engraçada sobre um texano rico que morreu. Quando seu advogado pediu que a família toda se reunisse para a leitura do testamento, seis parentes vieram de perto e de longe para saber se haviam sido incluídos na herança.

No dia da reunião, o advogado abriu sobriamente o testamento e começou a leitura:

"Para meu primo Ed, deixo o meu rancho."
"Para meu irmão Jim, deixo minhas contas de investimentos."
"Para meu vizinho e bom amigo, Fred, deixo minhas ações."
"E finalmente, para meu primo George, que estava sempre por perto e nunca fez nada, mas querida ser lembrado no testamento, quero dizer: 'Olá, George'."

Muitos de nós não queremos aperfeiçoar nada, como George, ou não temos paciência para fazer tudo o que está ao nosso alcance para tentarmos aperfeiçoar tudo o que somos ao mesmo tempo. Ambos estão errados. Precisamos focar. O notório psicólogo William Jones advertiu: "Se você quer ser rico, você vai ser rico; se quer ser bom, você será bom; se quer aprender, você aprenderá. Mas deseje apenas uma coisa exclusivamente, e não queira ao mesmo tempo outra centena de coisas incompatíveis".

Haverá tempo suficiente para que você possa aperfeiçoar outras áreas da sua vida. Empenhe-se agora naquele que requer mais das suas forças e esteja mais perto do seu propósito. Aceite o conselho de Earl Nightingale, que sugeriu separar uma hora por dia aperfeiçoando essa área. Então vá devagar, porém firme. Costumamos superestimar o que podemos fazer em um dia ou uma semana. Mas subestimamos o que podemos fazer em um ano. Imagine o que você poderia fazer em cinco anos.

3. Encontre Oportunidades para se Aperfeiçoar em Decorrência das suas Perdas

O aperfeiçoamento estratégico é importante para o sucesso, como também o aprendizado com as nossas perdas à medida que elas ocorrem. Falarei sobre isso mais especificamente nos capítulos sobre adversidade, problemas e experiências ruins. No entanto, permita-me dizer o seguinte: algumas lições na vida não podem esperar. Você precisa tirar o melhor proveito delas quando acontecem. Se não examinar o que deu errado enquanto os detalhes estão claros, você pode perder a habilidade de aprender a lição. Além do mais, se negligenciar o aprendizado imediatamente, você pode vivenciar essa perda de novo!

> O conhecimento pode ser fruto do estudo, mas a sabedoria vem do aprendizado de aperfeiçoamento em decorrência dos seus erros.

O professor de negócios George Knox disse: "Quando você deixa de ser o melhor, deixa de ser bom. Quando para de crescer, deixa de ser útil — uma erva daninha no jardim da prosperidade... Somos o que somos hoje porque fomos o que fomos ontem. E os nossos pensamentos de hoje determinam nossas atitudes amanhã". Aqueles que aprendem com as suas perdas dão a si mesmos essa permissão. Como seu amigo, eu também lhe dou permissão. O conhecimento pode ser fruto do estudo, mas a sabedoria vem do aprendizado de aperfeiçoamento em decorrência dos seus erros.

Sempre tento me lembrar de que sou um trabalho contínuo. Quando mantenho essa perspectiva, percebo que não preciso ser perfeito. Não sou obrigado a ter tudo sob controle. Não preciso tentar ter todas as respostas. Não preciso aprender tudo em um só dia. Quando cometo um erro, não é porque sou um derrotado ou não tenho valor. Apenas não fiz algo direito, pois ainda não aperfeiçoei o suficiente alguma parte do processo. E isso é o que me motiva a continuar crescendo e aperfeiçoando. Quando não sei alguma coisa, é a oportunidade certa para aperfeiçoar uma nova área.

> "Trabalho com o mesmo princípio que os treinadores de cavalos. Você começa com cercas baixas, objetivos fáceis de alcançar e vai subindo."
>
> – Ian MacGregor

Estou nisso há muito tempo. Tento ser como o industrialista Ian MacGregor, que disse: "Trabalho com o mesmo princípio que os treinadores de cavalos. Você começa com cercas baixas, objetivos fáceis de alcançar e vai subindo". Quando comecei, minhas cercas eram vergonhosamente baixas. Mas com o tempo pude erguê-las. Hoje, ainda as estou erguendo aos poucos. Essa é a única forma que conheço para continuar me aperfeiçoando, e quero continuar fazendo isso, porque o aperfeiçoamento é o foco do aprendizado.

6

Esperança: A Motivação do Aprendizado

Há pouco tempo, eu estava autografando livros após uma palestra em um grande auditório de um centro de convenções. Sempre que falo, tento me colocar à disposição para autografar livros, apertar mãos e conversar com as pessoas. Nesse dia em particular, a fila estava longa e eu assinava o mais rápido possível para tentar atender a todos.

Uma senhora se aproximou e me deu um livro para que eu autografasse e disse: "Tenho lido seus livros nos últimos oito anos e ouvido suas palestras. Você me deu um grande presente e eu agradeço".

Parei de escrever por um momento e pensei qual seria aquele presente. Seria ele a simplicidade do meu ensino? A prática? O humor? Fiquei curioso, então perguntei: "Qual foi o grande presente que eu lhe dei?"

"Esperança", continuou ela. "Sempre que leio seus livros ou ouço suas palestras, saio esperançosa. Obrigada."

Ela pegou seu livro, mas suas palavras não saíram do meu coração. Fiquei grato, pois meu desejo é sempre adicionar valor às pessoas, e se ela fica mais esperançosa, sinto então que adicionei valor a ela.

Como você deve saber, a liderança é uma das minhas paixões. Aprendo sobre ela todos os dias e é uma das minhas grandes alegrias ensinar aos outros. O ex-membro de gabinete americano John W. Gardner disse: "A primeira e última tarefa de um líder é manter viva a esperança — a esperança de que finalmente podemos encontrar nosso caminho para um mundo melhor — a despeito das ações do dia, da nossa própria inércia, superficialidade e nossa hesitação". O grande general Napoleão expressou de forma mais simples: "Os líderes são distribuidores de esperança".

Como líder e escritor, quero ser alguém que dá esperança aos outros. Acredito que se um líder ajuda as pessoas a acreditarem que o impossível é possível, ele torna provável o impossível. Assim, ao ler este capítulo,

As perdas na vida nunca são divertidas, mas existe uma que ninguém pode se permitir experimentar — a perda da esperança.

A despeito de quais perdas ou dificuldades você possa enfrentar, mantenha a cabeça erguida. As perdas na vida nunca são divertidas, mas existe uma que ninguém pode se permitir experimentar — a perda da esperança. Se você perde a esperança, pode ser sua última perda, pois quando a esperança é perdida, perde-se também a motivação e a habilidade de aprender.

A Esperança É uma Coisa Linda

Em 1979 escrevi meu primeiro livro, *Think on These Things* [editado no Brasil pela CPAD com o título *O Coração e a Mente do Líder*]. Ele trazia o meu desejo de ajudar as pessoas a pensar nas coisas que poderiam edificar suas vidas. Um capítulo era sobre esperança. Nele escrevi as seguintes palavras:

O que a esperança faz pela sociedade?
- A esperança brilha mais forte no momento mais escuro.
- A esperança motiva quando chega o desânimo.
- A esperança dá energia quando o corpo está cansado.
- A esperança adoça quando a amargura chega.
- A esperança canta quando todas as melodias se calam.
- A esperança acredita quando a evidência é limitada.
- A esperança ouve as respostas quando ninguém está falando.
- A esperança supera os obstáculos quando ninguém está ajudando.
- A esperança suporta as dificuldades quando ninguém se importa.
- A esperança ri confiante quando ninguém está rindo.
- A esperança busca respostas quando ninguém está perguntando.
- A esperança impulsiona para a vitória quando ninguém está encorajando.
- A esperança ousa dar quando ninguém está compartilhando.
- A esperança traz a vitória quando ninguém está vencendo.

Em resumo, a esperança fornece. Ela nos dá mesmo quando nos resta pouco ou quase nada. Ela é uma das coisas mais preciosas que temos na vida.

A esperança é inspiradora. Ela nos dá a motivação para viver e aprender. Digo isso por vários motivos:

1. A Esperança Diz sim para a Vida

Perguntaram ao autor e teólogo Paul Tillich sobre o tema central do seu livro *The Courage to Be* [A Coragem de Ser] pouco antes de ele morrer. Tillich disse que o livro era sobre a verdadeira coragem: dizer sim para a vida a despeito de todas as dificuldades e dores que fazem parte da existência humana. É preciso coragem para encontrar algo positivo e significativo sobre nós mesmos e sobre a vida a cada dia. Isso, disse ele, é a chave para viver a vida de forma plena. "Amar a vida", disse ele, "talvez seja a máxima expressão da coragem de ser". Onde a pessoa encontra coragem para dizer sim à vida? Acredito que venha da esperança. Na vida, você deve esperar problemas. Deve esperar adversidades. Deve esperar conflitos. Mas esses fatos não significam que você tenha que perder a esperança. Você pode seguir o conselho de Ann Landers, que declarou: "Espere os problemas como uma parte inevitável da vida e, quando ele chegar, erga a cabeça, encare-o e diga: 'Serei maior do que você. Você não pode me derrotar'".

Acredito no que disse o Barak Obama quando concorreu para a Casa Branca em 2008. Foi um dia importante na história dos Estados Unidos o dia 20 de janeiro de 2009, quando o primeiro afro-americano tornou-se presidente dos Estados Unidos.

A despeito das suas inclinações políticas, aquela eleição respondeu a uma série de perguntas sobre a cor de pele das pessoas e o seu potencial. Naquela manhã, abri o jornal e li a seguinte propaganda:

~~Você não pode abolir a escravatura.~~
~~Você não pode construir uma estrada do Atlântico ao Pacífico.~~
~~Você não pode dar às mulheres o direito de votar.~~
~~Você não pode ir de avião de Nova York a Paris.~~
~~Você não pode derrotar a Alemanha nazista.~~
~~Você não pode desenvolver um plano para reconstruir a Europa devastada pela guerra.~~
~~Você não pode curar a poliomielite.~~
~~Você não pode permitir que as crianças brancas e negras vão para a escola juntas.~~
~~Você não pode colocar um homem na lua.~~
~~Você não pode aprovar os Direitos Civis.~~
~~Você não pode derrotar os russos no hóquei.~~
~~Você não pode ajudar a derrubar o Muro de Berlim.~~
~~Você não pode eleger um homem negro para presidente dos Estados Unidos.~~

O que vem agora, América? Porque o que quer que seja, a resposta é sim, nós podemos.[1]

Naquele dia nos Estados Unidos, a esperança era uma coisa linda. A palavra *sim* estava nos lábios do povo. É isso que a esperança faz. Abrace-a, e ela irá capacitá-lo.

2. A Esperança nos Enche de Energia

Já disseram que a pessoa pode viver durante quarenta dias sem comida, quatro dias sem água, quatro minutos sem ar, mas apenas quatro segundos sem esperança. Por quê? A esperança tem poder de nos encher de vida. A esperança é poderosa. Ele nos impulsiona quando os tempos são difíceis. Ela cria em nós a expectativa do futuro. Ela nos dá motivos para viver. Ela nos dá força e coragem.

Não acho coincidência que as pessoas que sofrem depressão com frequência percam a energia. A falta de esperança e a falta de energia costumam andar de mãos dadas. As pessoas que têm dificuldade de acreditar em si mesmas acham difícil encontrar a energia para lidar com a vida e seus desafios. Em contraste, as pessoas cheias de esperança são vigorosas. Eles abraçam a vida e tudo o que ela traz — até mesmo os desafios.

3. A Esperança Olha para a Frente

Meu pai ama contar histórias e piadas. Uma das suas favoritas é esta:

—Você parece desanimado, meu velho. O que o está preocupando? — perguntou Joe.

— Meu futuro — respondeu Bill

— O que faz seu futuro parecer tão sem esperança? — foi a pergunta.

— Meu passado — foi a resposta.

Certo, agora você sabe de onde vem meu gosto por esse tipo de humor!

Certamente posso me identificar com Bill. Talvez você também possa. Nosso ontem costuma invadir nosso hoje com negativismo, roubando nossa alegria e esperança. Se nos ativermos neles por muito tempo, eles ameaçam roubar o nosso futuro. É por isso que gosto dessas palavras de Ralph Waldo Emerson: "Termine cada dia e ponha um ponto final nele...Você fez o que podia, alguns erros e absurdos sem dúvida aconteceram; esqueça-os o mais rápido possível. Amanhã é um novo dia; você o iniciará bem e serenamente".

A esperança sempre tem um futuro. Ela inclina-se para a frente com expectativa. Ela deseja planejar o amanhã. E isso abre caminho para possibilidades ainda maiores. Existe a história de um vendedor da parte oriental dos Estados Unidos que chegou à uma cidade da fronteira em algum lugar do Velho Oeste. Enquanto falava com o dono do mercadinho, chegou um fazendeiro. O dono pediu licença para atender o freguês.

O fazendeiro deu ao dono da loja uma lista das coisas de que precisava, mas queria crédito para comprá-las.

—Você está construindo alguma cerca nessa primavera? — perguntou o proprietário.

— Certo que sim, Will — disse o fazendeiro.
— Para dentro ou para fora?
— Para dentro. Considerando outros 360 acres do outro lado do rio.
— Bom ouvir isso, Josh. Você tem crédito. Pode dizer ao Harry que está no fundo da loja o que você precisa.

O vendedor ficou confuso.

— Já vi todo tipo de sistema de crédito — disse ele —, mas nunca um como esse. Como funciona?

— Bem — disse o lojista —, se o homem está cercando para fora, significa que ele está na defensiva, apenas tentando manter o que possui. Mas se está cercando para dentro, ele está crescendo e progredindo. Sempre dou crédito ao homem que está cercando para dentro, pois isso significa que ele possui esperança.

Você está olhando para a frente? Você tem esperança no futuro? Se possui grandes expectativas para o amanhã, então você provavelmente quer estar em sua melhor forma possível quando chegar lá. Como fazer isso? Crescendo, aprendendo e melhorando. A falta de esperança cultiva a indiferença para com o futuro. A esperança proporciona motivação.

4. A Esperança É o que Faz a Diferença

Recentemente li *Tempos Muito Estranhos*, a biografia de Franklin e Eleanor Roosevelt durante a Segunda Guerra Mundial, escrita por Doris Kearns Goodwin. Muitas páginas do livro foram dedicadas à Inglaterra e à liderança do Primeiro Ministro Winston Churchill durante os dias sombrios do conflito com os nazistas.

Churchill foi certamente um líder de esperança para seu povo. Enquanto os nazistas varriam por toda a Europa e então sem misericórdia alguma bombardearam a Inglaterra durante a Blitz, a tarefa de derrotar Hitler e os nazistas parecia impossível. Mesmo assim, a despeito das probabilidades contra eles, os britânicos prevaleceram.

Como uma nação relativamente pequena, conseguiu perdurar durante um bom tempo, capaz de resistir aos ataques dos nazistas? Quando perguntaram a Winston Churchill qual foi a maior arma utilizada contra os nazistas, ele respondeu com uma palavra: *esperança*.

A esperança é o nosso maior bem e a maior arma que podemos utilizar para lutar contra nossas perdas quando elas parecem estar se acumulando. Ela é poderosa e é por isso que afirmo que faz a diferença. O que a esperança faz por nós?

• A esperança procura aprender a lição na derrota em vez de apenas deixá-lo se sentindo derrotado.

- A esperança descobre o que *pode* ser feito em vez do que *não* pode ser feito.
- A esperança considera os problemas, pequenos ou grandes, como oportunidades.
- A esperança acende uma vela em vez de maldizer a escuridão.
- A esperança abre portas onde o desespero as fechou.
- A esperança direciona suas forças para *o que pode ser*, e não para *o que era*.
- A esperança não acalenta ilusões, tampouco cede ao cinismo.
- Quando há esperança, a falha é apenas uma pedra de tropeço. Sem esperança, a falha é uma lápide.

Se você deseja encontrar a motivação para aprender ante as suas perdas para continuar trabalhando em um futuro melhor do que hoje, para alcançar seu potencial e cumprir seu propósito, então faça uso do que faz a diferença. Abrace a esperança.

Como Cultivar a Esperança

Já que a esperança é linda, essa pergunta precisa ser feita: "Qualquer um pode tê-la?" A resposta é sim! A despeito da sua situação atual, passado, personalidade, formação ou circunstâncias, você pode ser uma pessoa com esperança. Fazer as três coisas a seguir o ajudará a chegar lá.

1. Entenda que a Esperança É uma Opção

O pastor britânico G. Campbell Morgan contou a história de um homem cuja loja havia sido queimada no grande incêndio de Chicago em 1871. O homem chegou nas ruínas na manha seguinte carregando uma mesa. Ele colocou a mesa no meio dos destroços, e em cima dela uma placa que dizia: "Tudo perdido com exceção da esposa, filhos e esperança. Os negócios continuam amanhã de manhã, como sempre".[2]

Admiro realmente a reação daquele homem. De onde ele tirou tanta esperança após uma perda dessa magnitude? Das circunstâncias? Certamente não. Do momento? Não. Das outras vítimas do incêndio? Não há indicações disso. Quantos outros enfrentaram o futuro com tanta determinação positiva? Se esse homem enxergou um futuro brilhante para si próprio e para sua família, foi porque ele fez a opção de ter esperança.

A esperança está no DNA do homem e mulher que aprende com suas perdas. Quando os tempos são difíceis, eles escolhem a esperança, sabendo que ela os motivará a aprender e transformá-los de vítimas em vitoriosos.

Algumas pessoas dizem que a esperança é uma forma ilusória de encarar a vida. Não é realista, dizem eles. Eu discordo. No livro *The*

Dignity of Difference [A Dignidade da Diferença], Jonathan Sacks escreve: "Uma das distinções mais importantes que aprendi durante a reflexão sobre a história judaica é a diferença entre *otimismo* e *esperança*. Otimismo é a crença de que as coisas vão melhorar. Esperança é a fé de que, juntos, podemos melhorar as coisas. O otimismo é uma virtude passiva; a esperança é ativa. Para ser um otimista não é preciso coragem, mas é preciso muita coragem para ter esperança".[3]
Acredito que todos são capazes de escolher a esperança. É preciso coragem? Sim. Porque a esperança pode desiludir. Mas tenho convicção de que escolher a esperança sempre compensa.

2. Mude seu Modo de Pensar

Na vida geralmente conseguimos o que esperamos. Não sei por que isso é verdade, mas é. Norman Cousins observou: "O maior problema do desespero é que ele é autossuficiente. As pessoas que possuem mais medo costumam convidá-lo. Cabeça baixa não consegue buscar uma nova oportunidade no horizonte. Explosões de energia não podem vir de um espírito de derrota. Definitivamente, a impotência leva à falta de esperança".
Se as suas expectativas de vida são negativas, você acaba vivendo inúmeras negativas. E tais negativas misturadas tornam-se especialmente dolorosas, pois expectativas negativas não permitem que as pessoas aprendam com as suas perdas.

Nós nos tornamos como o homem negativo que disse: "Se eu pudesse cair morto agora, seria o melhor homem da terra!" Isso pode amenizar, mas o pensamento negativo não é assunto para risada. A boa notícia é que você não precisa viver com ele. Você pode mudar seu pensamento negativo, no qual se sente sem esperança, não aprende com suas perdas e tem vontade de desistir, para um estado positivo, no qual acredita que as coisas podem melhorar, você pode aprender com seus erros e nunca desistir.

> "O maior problema do desespero é que ele é autossuficiente."
> – Norman Cousins

Recentemente conheci Bob Wosczyk durante o intervalo em uma de minhas conferências. Ele me deu uma cópia do seu livro *Who Says the Fat Lady Has to Sing?* [Quem Disse que a Senhora Gorda Tem que Cantar?]. A referência à senhora gorda provém da ópera, pois o final de uma ópera é tradicionalmente cantado por uma soprano, que costumava estar acima do peso. Quando ela canta seu incrível solo final, você sabe que a ópera está terminando. Mas hoje em dia a frase é usada referindo-se a qualquer coisa. As pessoas dizem: "Não está terminado até que a senhora gorda cante", significando que ainda há tempo para mudança. Bob protesta à ideia de desistirmos, especialmente dos nossos sonhos. Ele escreve:

Todos já ouvimos a expressão "Não está terminado até que a senhora gorda cante". A implicação aqui é que quando a senhora gorda canta, o jogo termina e a vontade de continuar lutando acaba. Nós escolhemos ficar abaixados no quadro da vida, com medo de levantar e tentar novamente, pois estamos muito feridos para aguentar qualquer outra punição. Preferimos desistir dos nossos sonhos do que continuar lutando com dores, sem nunca sabermos o que poderia ter acontecido.

Quando finalmente permitimos que a senhora gorda cante, somos perseguidos pelo fantasma do "E se?" "E se eu desisti muito cedo?" "E se minha próxima atitude tivesse sido aquela que iria mudar a situação?" "E se eu pudesse ter vivido a vida que realmente queria, em vez da vida a que me acomodei?"

A pergunta que faço nesse livro é: Por que tem que acabar...? Quando se tornou certo desistir, dar as costas, desanimar e tentar abafar os nossos problemas, perdendo nossa energia e entusiasmo para a vida? Quem disse que desistir é uma opção? Quem disse que a senhora gorda tem que cantar?

O que não compreendemos é que a maioria das pessoas desiste quando estão apenas há alguns metros do seu objetivo. Elas nunca percebem quão próximas realmente estão de alcançar seu sonho.[4]

Quem disse que desistir é uma opção?
– Bob Wosczyk

Por que as pessoas desistem como descreve Bob? Porque elas perdem a esperança. Seu pensamento é negativo, suas expectativas são baixas e elas não sabem como escapar desse padrão. A resposta pode não ser fácil, mas é simples. Elas precisam mudar a forma como pensam sobre si mesmas e as perdas que experimentam. Na vida, enxergamos o que estamos preparados para ver. Esse é o resultado do nosso pensamento. O que vemos é o que temos. E isso determina o resultado da maior parte do que fazemos.

Meu rebatedor de beisebol favorito era Tony Gwynn, que jogava para os Padres quando eu morava em San Diego. Anos após ano ele esteve à frente da liga com a média de rebatidas. Uma vez fui a um jogo com um amigo de Tony. Enquanto estávamos sentados assistindo ao jogo, Tony foi rebater e eu disse ao seu amigo:

— Adoro vê-lo rebater. Por que você acha que ele é tão bem-sucedido?

— Ele espera acertar toda vez que rebate — respondeu o amigo.

Tony *sempre* acertava? Claro que não. Isso é impossível. Os maiores rebatedores de todos os tempos erraram seis de dez vezes. Mas esses erros não determinaram suas expectativas. Ele sempre acreditou em si mesmo e em sua habilidade de rebater. Deveríamos imitá-lo, porque com frequência nossa principal limitação vem das nossas expectativas.

No livro *The Making of the Achiever* [Formando o Empreendedor], Allan Cox escreveu:

> O empreendedor olha depois da esquina antecipando as coisas boas que o aguardam. Tudo o que ele tem que fazer, acredita, é demonstrar um pouco de determinação para chegar lá. Ele rejeita o pensamento "não posso." Como resultados ele pode abrir mais portas do que os outros, fazer melhores negócios e atrair pessoas mais ativas e com recursos para trabalhar com ele. Ele ganha confiança e nutre vitalidade nos outros. Ele espera vencer. Quando combinada com o desejo, a expectativa produz esperança. E a esperança torna todas as coisas possíveis. Viver a vida na expectativa é simplesmente um ato de bom senso.

Como eu disse, é simples, mas não é fácil. Se você for uma pessoa com pensamento negativo, cuja motivação tem sido raramente abastecida pela esperança, então precisa tomar a decisão diária de tentar renovar sua esperança, mudar seu pensamento para melhor e acreditar que as coisas boas podem e acontecerão a você.

3. Conquiste Algumas Pequenas Vitórias

Se estiver disposto a explorar sua confiança e tornar-se mais positivo em seus pensamentos, já é um ótimo começo. Mas não é o suficiente. O pensamento positivo precisa estar acompanhado da atitude positiva. Se você deseja um grande sucesso, comece com uma pequena vitória. Nada alimenta mais a esperança do que o sucesso.

Se puder conquistar pequenas vitórias, elas o encorajarão. Isso levanta a sua moral. Ao experimentar uma vitória, você começará a compreender como funciona. Você se torna mais bem-sucedido, e após várias vitórias começa a sentir que as maiores vitórias estão ao seu alcance. Criar um ambiente positivo com experiências positivas pode demorar para encorajá-lo a continuar esperançoso, tentando e aprendendo. Veja a diferença entre o que acontece quando as pessoas sentem a vitória e quando sentem a derrota.

> O pensamento positivo precisa estar acompanhado da atitude positiva.

Quando as Pessoas Sentem a Vitória	Quando as Pessoas Sentem a Derrota
Elas se sacrificam para vencer.	Elas se esforçam o mínimo possível.
Elas buscam formas de vencer.	Elas buscam desculpas.
Elas ficam cheias de energia.	Elas ficam cansadas.
Elas seguem a estratégia.	Elas abandonam a estratégia.
Elas ajudam outros colegas da equipe.	Elas ferem os outros.

Conquistar pequenas vitórias pode mudar completamente sua visão da vida. Neil Clark Warren, fundador do eHarmony, passou o início de sua carreira aconselhando casais. Durante aquele tempo, ele percebeu que seu objetivo principal deveria ser o de ajudar os casais, mesmo os mais problemáticos, a melhorarem mesmo que apenas um pouco. Quando os casais veem uma pequena melhora — como 10% — recebem esperança. E esperança é uma poderosa motivação para a mudança e para o aprendizado.

O Poder da Esperança

Um dos momentos mais esperançosos na vida das pessoas é quando aguardam o nascimento de uma criança. O mundo de possibilidades para essa criança parece infinito, especialmente para uma criança nascida em um país livre, como os Estados Unidos, que oferece muitas oportunidades. Os pais de Jim Abbot estavam esperançosos, mesmos sendo eles bem jovens quando Jim nasceu. Mas seu otimismo com relação a Jim também foi abalado quando descobriram que seu bebê havia nascido sem a mão direita.

Os pais de Jim, Mike e Kathy, buscaram respostas para o defeito de nascença. Os médicos também. Mas eles nunca encontraram um motivo específico. Não era algo comum, e os pais adolescentes tiveram que encontrar uma forma de lidar com isso.

Jim brincava como uma pessoa normal, e não parecia ser muito prejudicado pela falta da mão. Mas quando completou 5 anos, os especialistas aconselharam Mike e Kathy a enviá-lo para o hospital de reabilitação que ficava a mais de 160 quilômetros da sua casa em Flint, Michigan, para que ele pudesse receber um prótese e ser treinado para usá-la. Naquele tempo, isso significava gancho.

Os pais de Jim seguiram o conselho e Jim recebeu um gancho e aprendeu a usá-lo. Ele treinou para usá-lo junto com crianças portadoras de severas deficiências, tais como uma criança que estava aprendendo a escovar os dentes com o pé — pois não tinha braços. Mas chegou o momento no hospital em que eles perceberam que Jim não pertencia àquele local. Sua esperança era tratá-lo como uma criança normal. Os pais de Jim o tiraram do hospital e o levaram para casa. Durante o percurso de volta, Mike disse a Kathy: "Nós não temos um problema. Temos apenas um revés. Nós podemos lidar com isso. Só é um problema se fizermos disso um problema".[5] Jim escreveu mais tarde, "Naquela viagem de duas horas para Flint [do hospital para casa], nós recobramos as nossas forças. Meu pai e minha mãe ganharam esperança, até mesmo otimismo, pela primeira vez começando a focar não no que eu não tinha, mas no que eu tinha".[6]

Duas coisas que Jim tinha eram o amor pelos esportes e uma boa habilidade atlética. Aos 6 anos, seu pai comprou uma luva de beisebol. Ele adorou. Passava horas jogando a bola de borracha no muro de tijolos, melhorando sua mira e força do braço, e tentando descobrir como tirar a luva do braço direito e passar para a mão esquerda para que pudesse correr atrás da bola quando a rebatesse. Quando conseguiu bolar um sistema, ele continuou melhorando sua habilidade e fluidez. À medida que melhorava, ele chegava mais perto da parede para ter que fazer a transição mais rápida para pegar a bola.

O beisebol não era o único amor de Jim. Ele praticava todos os esportes. Saía com os garotos da vizinhança e jogava futebol. A princípio, ninguém o escolhia. Houve momentos em que ele voltou para casa desencorajado e quis desistir. Mas seu pai não deixou. Mike mandava que seu filho fosse novamente para o parquinho para continuar tentando. Ele tinha esperança em Jim e queria que ele aprendesse a perseverar e vencer os obstáculos. Ele estava preparando Jim para a estrada à frente.

Jim conta: "O detalhe da deficiência é que ela é para sempre".[7] Ela não vai acabar, então a pessoa tem que aprender a lidar com ela. Como Jim fez isso? Ele praticou cada esporte e fez o possível para se aperfeiçoar. E começou a ser reconhecido porque era bom — tão bom, na verdade, que sonhava algum dia jogar beisebol profissional, uma aspiração que compartilhou pela primeira vez em público aos 12 anos. "Parecia querer muito, mas eu tinha muita esperança e muita ajuda", explica Jim.[8]

Vale a Pena Ter Esperança

"Eu não era um prodígio. Fui cortado do time de basquete no primeiro ano do Ensino Médio, na Flint Central High School. Consegui entrar para o time de beisebol, mas não consegui marcar nenhum ponto durante toda a temporada. Demorou muito para eu me separar dos rapazes da minha idade nos campos de atletismo", disse Jim.[9] Mas ele se separou deles. No segundo ano do Ensino Médio, ele jogou beisebol no time da escola. Quando estava no terceiro ano, o técnico disse que ele era um craque. Naquele ano seu aproveitamento foi de 36,7% e ajudou seu time a se tornar campeão.

Naquele ano seu treinador também o recrutou para jogar futebol americano como zagueiro reserva. Ele ficou relutante, porém seu técnico insistiu. Jim acabou jogando nas finais e quase levou o time ao *status* de campeão.

Seu time venceu o campeonato da conferência, e os Toronto Blue Jays abriram suas portas para ele. Porém o coração de Jim estava no time da Universidade de Michigan, onde permaneceu por três anos. Ele era um dos melhores jogadores dos Estados Unidos, vencendo dois campeonatos Big Ten. E jogou beisebol no time olímpico. Ele participou do jogo da medalha de ouro nos Jogos Olímpicos de Verão de 1988, em Seul, Coreia do Sul.

O sonho de Jim tornou-se realidade quando ele foi jogar no time California Angels. Ele esperava passar muito tempo trabalhando para chegar ao topo. Mas, para sua surpresa, ele entrou para a lista da liga principal no dia da abertura do seu primeiro ano como membro do time principal como lançador.

A Recompensa da Esperança

Jim jogou na liga principal durante dez anos. Em alguns anos ele foi fantástico, em outros ele lutou. Um destaque da sua carreira profissional foi quando não rebateu em 1993 no Yankee Stadium. Ele avaliou mal ou não esperava muitas coisas sobre a liga de beisebol. Porém o que mais o surpreendeu foi a atenção que recebeu das crianças com deficiências similares à dele.

Jim se lembrava da emoção que sentira ao conhecer um jogador da liga principal, assim, o fato de as crianças quererem falar com ele ou pedirem seu autógrafo não era surpresa. O que ele não esperava era que os pais e seus filhos deficientes o procurassem daquela forma. Jim escreveu:

> Eu esperava que eles se aproximassem em número tão grande. Não esperava ouvir as histórias que eles contaram ou a distância que viajaram para contá-las, nem o desespero nelas revelado.
>
> Elas eram tímidas e bonitas, eram barulhentas e engraçadas, e, como eu, imperfeitas de alguma forma. E, como eu, elas tinham pais ao seu redor, pais dispostos a acreditar que esse acidente das circunstâncias ou natureza não era uma sentença de vida, e que os espíritos dentro desses pequenos corpos eram maiores do que a soma de suas mãos e pés.[10]

Jim leu e respondeu cada carta que recebeu dessas crianças ou seus pais. Ele parava qualquer coisa que estivesse fazendo no clube sempre que Tim Mead, o então relações públicas dos Angels (e agora o vice-presidente de comunicações do clube), aparecia dizendo: "Ei Jim, tem um minuto?" Jim saía para encontrar as crianças e passar alguns minutos conversando com elas. Ele descobria em que posição elas jogavam, perguntava como rebatiam, pedia que elas mostrassem como manejavam sua luva. E Jim conversava com os pais:

Eu contava a eles sobre meus pais. Eles me fizeram sentir especial por quem eu era, porém me tratavam como se eu fosse igual às crianças do bairro. Eu lhes contava sobre minhas frustrações e eles me respondiam com as seguintes palavras: "Você vai ter que se esforçar para compensar isso". Eu pedia que eles vissem que isso e muito mais era possível, e que coisas maravilhosas poderiam acontecer. Meus pais haviam feito tanto por mim, e eles poderiam fazer o mesmo por seus filhos.[11]

Jim conta que nunca deixou de atender uma criança sequer, mesmo quando estava exausto, desanimado ou ocupado. Por quê? Ele queria dar esperança a elas! Queria que compreendessem que havia tantas possibilidades para eles. Jim conta: "Eu conhecia essas crianças e sabia o quanto um menino ou menina poderia correr com cinquenta palavras de encorajamento".[12]

Jim se aposentou do beisebol em 1999. Em sua carreira ele arremessou 1.674 vezes, rebateu 888 vezes e venceu 87 jogos.[13] Ele viveu um sonho, um sonho que poucas pessoas achariam possível. Ele se entregou ao beisebol, e o beisebol retribuiu-lhe muito. Jim resume: "Talvez o maior presente [do beisebol] foi que ele me ajudou a ficar em paz com o fardo de ser diferente". Mas ele também ressalta: "A lição que aprendi precisava ser aprendida através da perda, por mais dolorosa que fosse".[14]

Como Jim Abbott conseguiu aprender com as suas perdas? Porque ele teve esperança. Ele continuou acreditando, ele continuou tentando. A esperança forneceu a motivação para o aprendizado. E ele usou essa motivação para aprender mais e ir além do que os outros acreditavam ser possível. Esse é o poder da esperança.

7

Ensinabilidade: O Caminho para o Aprendizado

O marido e a mulher saíram para jogar golfe. No par quatro do oitavo buraco, o marido deu uma tacada, arremessando a bola na direção das árvores. Irritado, ele se preparou para endireitar sua jogada, dando uma tacada para retornar a bola ao campo.

"Espere, querido", disse a esposa. "Está vendo o celeiro entre você e a grama? Se você abrir as portas de ambos os lados, poderá atravessar a bola pelo celeiro até a grama."

Ela abriu as duas portas. O marido deu uma tacada forte, a bola ricocheteou na parede do celeiro e atingiu sua esposa exatamente entre os olhos, matando-a instantaneamente.

No ano seguinte, esse mesmo senhor estava jogando golfe no mesmo campo com um amigo. No mesmo oitavo buraco, ele errou novamente. Ao preparar-se para a jogada a fim de retornar a bola ao jogo, seu amigo o interrompeu.

— Espere um minuto. A única coisa entre você e o campo é aquele celeiro. Se abrir as duas portas, provavelmente conseguirá atravessar a bola até a grama.

— De jeito nenhum! — gritou o homem. — De novo não. Tentei isso no ano passado e consegui um sete!

Certo, admito que foi uma piada horrível. Porém, como jogador de golfe, gosto dela. Algumas pessoas aprendem, outras não. E isso nos traz à próxima qualidade que costuma separar os que aprendem com suas perdas dos que não aprendem. As pessoas costumam me perguntar o que determina se eles conseguirão alcançar seu potencial. Minha resposta: o espírito de ensinabilidade.

O que significa ensinabilidade? Eu defino ensinabilidade como a atitude interna intencional e o comportamento para continuar aprendendo e crescendo na vida. Algumas pessoas não têm isso. O trompetista de jazz e líder de banda Louis Armstrong as descreveu: "Existem pessoas que, se não sabem, não adianta ensiná-las". Algumas pessoas querem estar com a razão mesmo quando não estão. Como resultado, a vida para elas é difícil. Elas nunca encontram o caminho do aprendizado, tampouco aprendem as lições que a vida oferece àqueles que possuem o espírito de ensinabilidade.

> Eu defino ensinabilidade como a atitude interna intencional e o comportamento para continuar aprendendo e crescendo na vida.

O autor futurístico e palestrante John Naisbitt, disse: "Nenhum assunto ou conjunto de assuntos poderá predizer o seu futuro, muito menos o resto da sua vida". Em outras palavras, mesmo que conheça muito bem algum assunto, ele não fará tudo por você. Alcançar todo o seu potencial requer aprendizado contínuo e crescimento. Para tanto, você precisa ter o espírito de ensinabilidade. Caso contrário, seu potencial terminará muito antes do final da sua vida.

Se quiser ser bem-sucedido amanhã, precisa então possuir o espírito de ensinabilidade hoje. O que o trouxe até onde você se encontra e não o manterá nessa posição. E certamente ele não o levará onde você deseja.

É preciso mais do que uma mente excelente para o aprendizado. É preciso um grande *coração* para aprender. É isso que o espírito de aprendizagem proporciona a você.

> "Nenhum assunto ou conjunto de assuntos poderá predizer o seu futuro, muito menos o resto da sua vida."
> – John Naisbitt

Recentemente li sobre um estudo conduzido por Mark Murphy, fundador e CEO da Leadership IQ. Sua organização rastreou vinte mil novas contratações durante um período de três anos e descobriu que 46% delas fracassaram (demitidos ou receberam análise de desempenho baixa) nos primeiros dezoito meses de trabalho. O principal motivo do fracasso não foi a falta de competência. Esse era o problema de apenas em uma dentre dez pessoas. Quase 90% dos problemas estavam relacionados à atitude. O motivo número um foi a falta de ensinabilidade! Murphy escreve que 26% das pessoas que falharam não se submetiam ao treinamento. Faltava-lhes "a habilidade de aceitar e implementar os conselhos dos chefes, colegas, clientes e outros.[1]

O mais triste sobre essa atitude é a escolha como também a ensinabilidade. Nós escolhemos estar abertos ou fechados para as novas ideias, novas experiências, ideias de outras pessoas, *feedback* de outras pessoas e disposição para mudar. Podemos escolher o caminho para um futuro melhor desenvolvendo um espírito ensinável ou podemos sabotar esse futuro fingindo que sabemos tudo que precisamos para prosseguir na vida — o que, a propósito, é impossível para *qualquer pessoa!*

Características da Pessoa Ensinável

Se deseja encontrar o caminho do fracasso para o sucesso, você precisa se tornar uma pessoa altamente ensinável. Como fazer isso? Cultivando as seguintes características:

1. As Pessoas Ensináveis Possuem uma Atitude que Conduz ao Ensino

A atitude que demonstramos na vida dá o tom e a direção para tudo o que fazemos. No livro *Life's Greatest Lessons* [As Maiores Questões da Vida], Hal Urban escreve:

> Os golfistas sabem que o sucesso do seu jogo é determinado pela forma como eles tratam a bola. Os pilotos sabem que a parte crítica da aterrissagem é a altura correta. Os advogados sabem que a forma como se apresentam ao corpo de jurados será fator determinante em cada caso. A postura correta significa estar pronto, dar os passos preliminares rumo a algum tipo de realização. A aproximação correta para qualquer coisa prepara o ambiente para os resultados criativos que esperamos. Em resumo, nossas atitudes são a forma como nos posicionamos em relação à vida. E a forma como nos posicionamos irá determinar nossos sucessos e falhas.[2]

As pessoas com o espírito de ensinabilidade enxergam cada dia como uma oportunidade para outra experiência de aprendizado. Seus corações estão abertos. Suas mentes abertas para algo novo. Suas atitudes são expectantes. Elas sabem que o sucesso tem menos a ver com talento natural e mais com o que se escolhe para aprender.

Quando somos jovens, pais, professores e o sistema educacional têm a responsabilidade primária do nosso aprendizado. Mas aquele ímpeto externo e responsabilidade do nosso aprendizado é gradualmente retirado durante o curso da nossa carreira educacional. Ao envelhecermos, e especialmente do Ensino Médio em diante, uma linha divisória começa a aparecer entre aqueles que continuam a ser ensináveis e os que resistem ao aprendizado. A escolha que fazemos nesse momento é significativa. Podemos escolher permanecer ensináveis e abastecer nosso desejo interno de crescer intencionalmente. Ou podemos nos tornar indiferentes às oportunidades que se apresentam para que possamos continuar aprendendo.

Philip B. Crosby, autor de *Quality Is Free* [A Qualidade É Grátis], fala que as pessoas podem inconscientemente retardar seu próprio crescimento, pois passam a acreditar em clichês e hábitos em vez de cultivarem um espírito ensinável. "Quando chegam à idade do seu conforto pessoal com o mundo", escreve Crosby, "eles param de aprender e suas mentes ficam ociosas pelo resto da sua vida. Eles podem progredir de forma organizacional, podem ser ambiciosos e ávidos, e podem até trabalhar dia e noite. Porém não aprendem mais".

Ser ensinável depende de duas coisas: capacidade e atitude. Nossa capacidade pode ser configurada a certo nível. Mas nossa atitude é totalmente escolha nossa. Precisamos decidir proativamente a abraçar a ensinabilidade. Pesquisas conduzidas em Harvard e outras universidades confirmam a importância da atitude das pessoas de sucesso. Foi descoberto que a atitude é muito mais importante do que a inteligência, educação, talento especial ou sorte. Na verdade, concluíram que até 85% do sucesso na vida é atribuído à atitude, enquanto 15% é atribuída à habilidade.[3] Essas descobertas são muito consistentes com as de Mark Murphy.

> Até 85% do sucesso na vida é atribuído à atitude, enquanto 15% é atribuída à habilidade.

Raramente conheço uma pessoa ensinável que aborde a vida de forma negativa. A maioria das pessoas com um espírito de ensinabilidade e atitude positiva não permitem que as ideias negativas sequestrem o nosso pensamento. A mente escassa raramente cria abundância. A atitude negativa cria uma mudança negativa.

Se você não cultivou uma atitude positiva e espírito ensinável, eu o encorajo a lutar por eles. Quanto mais cedo fizer isso, melhor, pois à medida que a idade aumenta, nossos pensamentos negativos, maus hábitos e traços fracos de caráter ficam enraizadas. Ficar mais velho não significa ficar melhor. Significa apenas que você tem menos tempo para tomar decisões de se tornarem ensináveis. Então faça a escolha de ser ensinável. Não conheço outra forma de aprender na vida.

2. Pessoas Ensináveis Possuem a Mente de um Iniciante

Quando era um jovem líder, eu queria ser bem-sucedido, e passava a maior parte do meu tempo no princípio da minha carreira procurando chaves para o sucesso. Durante aquele tempo, fui a um seminário em que o mediador perguntou: "Ao pensar nos CEOs, empresários e donos de empresas mais bem-sucedidos, que qualidades vocês acham que eles possuem?"

Respondemos com palavras como *visão, inteligência, paixão, determinação* e *ética no trabalho*. Nosso facilitador concordou que todas aquelas coisas eram importantes, mas disse que a palavra que melhor descreve os melhores líderes é *ensinabilidade*. Ele prosseguiu definindo *ensinabilidade* como a habilidade e disposição para aprender e colocar em prática o que fosse necessário para conquistar nossos objetivos.

Como um jovem líder, fiquei surpreso com o seu compromisso. Pensei que as pessoas de sucesso decidiam o que precisavam fazer e então ficavam presas àquilo. As pessoas mais bem-sucedidas no meu círculo tinham a seguinte atitude: "Já fiz isso, já vi isso." Eles agiam como se tivessem todas as respostas. À medida que ficava mais velho e mais experiente, percebi que sua atitude os levara até aquele ponto e então ficavam em um platô, pois não cresciam mais. Também percebi que eu nunca compreenderia tudo. Eu teria que melhorar sempre. As pessoas de sucesso aprendem continuamente.

Qual a melhor forma de fazer isso? Ter a mente de um iniciante. Erwin G. Hall observou: "Uma mente aberta é o princípio da autodescoberta e crescimento. Não podemos aprender nada novo até que possamos admitir que não sabemos tudo". Se quiser crescer e aprender, você precisa abordar o máximo de coisas que puder como um iniciante, e não um *expert*.

O que todos os principiantes têm em comum? Eles sabem que não sabem tudo, e isso molda a forma como eles abordam as coisas. Em geral, eles são humildes e abertos, sem a rigidez que costuma acompanhar as realizações.

A maioria das pessoas gosta de ser *expert*.

> "Uma mente aberta é o princípio da autodescoberta e crescimento. Não podemos aprender nada novo até que possamos admitir que não sabemos tudo."
> – Erwin G. Hall

Na verdade, algumas gostam tanto e se sentem tão desconfortáveis como iniciantes que trabalham duro para evitar essas situações. Outras são mais abertas e gostam de aprender algo novo. Quando são realmente iniciantes, elas acham fácil ser assim, mas manter a ensinabilidade torna-se mais difícil à medida que atinge algum grau de sucesso. É um desafio permanecer receptivo e aberto em cada circunstância e situação durante o curso da vida.

Tento manter a mente de iniciante, mas preciso admitir que é difícil. Para me ajudar, tento sempre manter em mente o seguinte:

1. Todos têm algo a me ensinar.
2. Todos os dias aprendo algo novo.
3. Sempre que aprendo algo me beneficio.

Outra coisa que faço é focar em fazer perguntas. Durante muitos anos, concentrei-me em dar respostas. Como jovem líder, achei que esperavam isso de mim. Mas assim que comecei a superar minha insegurança, descobri que fazer perguntas ajudava mais o meu desenvolvimento do que responder, e no momento em que intencionalmente fiz perguntas e comecei a ouvir, meu desenvolvimento pessoal e profissional decolou. Faça perguntas; elas podem fazer o mesmo por você.

3. As Pessoas Ensináveis Olham-se no Espelho com Olhar Crítico

O novelista James Thom afirmou: "Provavelmente o mais honesto homem que venceu na vida por esforço próprio é aquele que ouvimos dizer: 'Cheguei ao topo da forma mais difícil — lutando contra minha própria preguiça e ignorância a cada etapa do caminho'". Você consegue se identificar com essa afirmação? Eu consigo. Sou conhecido por escrever e falar sobre liderança, porém a pessoa mais difícil que já liderei fui eu mesmo!

Tornar-se ensinável e permanecer ensinável requer que as pessoas avaliem a si mesmas de forma honesta continuamente. Sempre que enfrentar um desafio, perda ou problema, uma das primeiras coisas a fazer é perguntar a si mesmo: "Sou eu o motivo?" Essa é a chave para a ensinabilidade. Se a resposta for sim, então você precisa estar pronto para fazer mudanças. De outra forma, você vai passar pela experiência que as pessoas chamam de "déjà-poo", a sensação de que já passou por essa mesma confusão. Quando as pessoas se recusam a olhar no espelho e em vez disso olham para outras pessoas ou situações para culpá-las, continuam mantendo os mesmos resultados repetidas vezes. Talvez a melhor descrição que encontro para isso — e seja a solução — esteja nas palavras de Portia Nelson em "Autobiografia em Cinco Capítulos Curtos":

Capítulo Um

Eu desço a rua.
Há um buraco fundo na calçada.
Eu caio.
Estou perdido... e impotente.
Não é culpa minha.
Leva muito tempo para encontrar a saída.

Capítulo Dois

Eu desço a mesma rua.
Há um buraco fundo na calçada.

Finjo que não vejo.
Caio nele novamente.
Não acredito que estou no mesmo lugar.
Mas não é culpa minha.
Leva muito tempo para conseguir sair.

Capítulo Três
Desço a mesma rua.
Há um buraco fundo na calçada.
Eu o vejo.
Ainda caio nele... é um hábito... mas meus olhos estão abertos.
Sei onde estou.
A culpa é minha.
Saio dele imediatamente.

Capítulo Quatro
Desço a mesma rua.
Há um buraco fundo na calçada.
Eu o contorno.

Capítulo Cinco
Desço por outra rua.

Reconhecer sua parte nos fracassos, buscar soluções (sem importar quão dolorosas) e trabalhar muito para repará-las é a ensinabilidade em ação. E ela leva a habilidade para mudar, crescer e prosseguir. O médico William Mayo orou: "Senhor, livra-me do homem que nunca comete erros, também do homem que comete o mesmo erro duas vezes". Não há nada errado em cometer erros, mas algumas pessoas respondem com bis. O espírito ensinável o ajudará a colocar um ponto final nisso.

> "Senhor, livra-me do homem que nunca comete erros, também do homem que comete o mesmo erro duas vezes."
> – William Mayo

4. As Pessoas Ensináveis Encorajam outras a Falar em suas Vidas

Um dia, uma raposa, um lobo e um urso foram caçar juntos. Após cada um deles caçar um veado, eles discutiram como dividir os espólios.

O urso pediu a opinião do lobo. O lobo disse que cada um ficasse com a sua caça. De repente o urso comeu o lobo. Então o urso pergunta à raposa como ela propunha a divisão. A raposa ofereceu ao urso sua caça e a do lobo também.
— De onde você tirou tanta sabedoria? — perguntou o urso.
— Do lobo — respondeu a raposa.

Infelizmente, a maioria de nós é como o urso. Não gostamos quando as pessoas falam a verdade na nossa vida, e quando alguém tem coragem suficiente para falar, nós as atacamos. Precisamos reagir diferente.

As pessoas ensináveis precisam estar cercadas de pessoas que as conheçam bem e que opinarão de forma amorosa, porém honesta. Isso pode ser um desafio — por muitas razões. Primeiro, você deve estar disposto a aceitar desenvolver um relacionamento forte o suficiente com pessoas a quem pode pedir opinião. Segundo, elas precisam ser corajosas e honestas o suficiente para falar livremente com você. E terceiro, você precisa estar disposto a aceitar seu *feedback* e críticas sem se defender. De outra forma, só os receberá uma vez!

Este processo se torna mais complicado se você for muito bem-sucedido. Quando se é influente e muito respeitado, as pessoas tendem a falar aquilo que você quer ouvir, não o que *precisa* ouvir. Elas estão buscando a sua aprovação, ou bajulando você. Infelizmente, isso cria um abismo entre o que você ouve e a realidade. Se você se encontra nessa situação, precisará se esforçar mais ainda para conseguir que as pessoas próximas a você falem honestamente. Você precisará também observar e ouvir muito mais.

Todos precisam de alguém disposto a ser franco. Preferencialmente deveria ser alguém superior a você na empresa ou mais experiente. Quando liderava uma grande igreja em San Diego, convidei Steve Babby, que cuidava dos líderes de dezenas de igrejas no sul da Califórnia, para que fosse essa pessoa. Pelo menos uma vez ao ano, eu pedia que Steve apontasse qualquer coisa que eu estivesse fazendo e que ele achasse errado ou fraquezas em minha liderança que ele acreditasse poderiam me causar problemas. Após dois anos, Steve disse certo dia:
— John, você é a pessoa mais bem-sucedida com quem trabalhei; mesmo assim, é o *único* que aceita críticas. Por quê?
— Não confio em qualquer pessoa com poder e que não possa ser averiguada — respondi. — Especialmente eu.

O escritor Peter M. Leschak afirmou: "Todos nós somos espectadores — da televisão, do relógio, do tráfego na avenida —, mas poucos são observadores. Todos estão olhando, nem todos estão vendo". Busque dicas mostrando que você pode estar fora dos trilhos, e peça que as pessoas verifiquem as suas suspeitas. Elas ficarão mais à vontade se você mostrar a deficiência primeiro.

Preciso admitir: ouvir é uma habilidade aprendida em minha vida. Falar é muito mais natural para mim. Minha mãe costumava dizer: "John começou a falar aos seis meses e nunca mais parou". É verdade. Nunca fiquei sem palavras. Gosto de dar o tom. Gosto de entreter. Gosto de ensinar e de ser mentor. Mas falar não é aprender. Ouvir é. O colunista Doug Larson afirmou: "Sabedoria é a recompensa que você ganha para o resto da vida ao ouvir quando preferia falar". Tento ter isso em mente. Se você costuma falar demais, deveria tentar também.

> "Sabedoria é a recompensa que você ganha para o resto da vida ao ouvir quando preferia falar."
> – Doug Larson

5. As Pessoas Ensináveis Aprendem Algo Novo a Cada Dia

O segredo para o sucesso de qualquer pessoa pode ser encontrado em sua agenda diária. As pessoas crescem e se aprimoram, não através de grandes saltos, mas através de mudanças graduais. A advogada Marian Wright Edelman disse: "Ao tentar pensar sobre como podemos fazer a diferença, não devemos ignorar as pequenas diferenças que podemos fazer, as quais, com o tempo, resultam em grandes diferenças que nem sempre podemos prever". Ela compreende o progresso diário, passo a passo.

As pessoas ensináveis tentam alavancar essa verdade ao aprender algo novo a cada dia. Apenas um dia é suficiente para nos fazer um pouco maiores ou menores. Vários dias reunidos nos farão muito maiores ou muito menores. Se fizermos isso todos os dias, dia após dia, haverá um grande poder para a mudança. O autor motivacional e palestrante Dennis P. Kimbo fornece dicas sobre isso em algo que escreveu há alguns anos:

> Sou sua companhia constante. Sou o seu maior ajudador ou o fardo mais pesado. Vou empurrá-lo para a frente ou afundá-lo na derrota. Estou à mercê do seu comando. Você pode transferir para mim metade das coisas que faz, e serei capaz de fazê-las rápida e corretamente. Sou facilmente gerenciado — é preciso apenas que seja firme comigo. Mostre-me exatamente como deseja que algo seja feito e, após algumas lições, farei automaticamente. Seu o servo de todo grande homem; não sou uma máquina, embora trabalhe com a mesma precisão, aliado à inteligência do homem. Você pode me procurar em busca de

ganho ou de ruína — para mim não faz diferença. Treine-me, seja firme comigo e colocarei o mundo aos seus pés. Seja bom comigo e eu o destruirei. Quem sou eu? Eu sou o hábito.[4]

Os hábitos que pratica diariamente construirão ou destruirão você, como sugere Kibro. Se quiser ser ensinável e aprender com as perdas, precisa fazer do aprendizado um hábito. Você pode não mudar sua vida em um dia. Mas mudará seus dias para a vida inteira.

Práticas Diárias para Tornar-se mais Ensinável

Se você acredita na ideia de tentar aprender algo novo a cada dia, mas não sabe a melhor forma de fazer isso, então recomendo estas três práticas diárias.

1. Preparação

Se quiser estar pronto para enfrentar quaisquer desafios que se apresentem em um dia e aprender com eles, você precisa estar preparado. Isso significa trabalhar adiantado — todos os dias. Como meu antigo mentor John Wooden costumava dizer, "Quando a oportunidade chega, é muito tarde para se preparar".

> "Quando a oportunidade chega, é muito tarde para se preparar."
> *John Wooden*

O que fazer para programar meu dia de forma a aprender com ele? Começo cada manhã olhando minha agenda. Ao rever meus compromissos do dia, faço as seguintes perguntas:

- Quais são os momentos em potencial para aprender hoje?
- Com quem vou me encontrar e o que posso perguntar a essas pessoas?
- Quais serão minhas experiências e o que poderei aprender com elas?

Ao buscar momentos de aprendizado e me preparando para eles, torno possível o aprendizado.

A primeira vez que me encontrei com o treinador Wooden, passei horas me preparando. Escrevi páginas cheias de perguntas para ele. Após as primeiras horas nas quais ele respondeu pacientemente às minhas perguntas, perguntei-lhe se poderíamos nos reunir novamente no futuro. Nunca vou esquecer sua resposta. Ele disse: "Sim, John, podemos nos reunir novamente. Posso dizer que você sempre virá preparado para as nossas reuniões". Que elogio. Essa foi a primeira de muitas outras maravilhosas reuniões. Sempre que deixava esse homem sábio, eu me sentia preenchido pelas coisas que havia aprendido.

Você não precisa passar horas se preparando todos os dias, embora algumas vezes tenha compromissos que requeiram preparação. Planeje passar alguns minutos todas as manhãs ou noites pensando como será seu dia e quais serão as grandes oportunidades de aprendizado.

Você ficará maravilhado pela forma e frequência com que poderá aprimorar a si mesmo aprendendo com as pessoas e experiências que fazem parte do seu cotidiano.

2. Contemplação

O tempo sozinho é essencial para o aprendizado. A reflexão permite que as pessoas observem e reflitam nos acontecimentos de suas vidas e compreendam o significado delas. Parar e pensar nos proporciona a perspectiva sobre o sucesso e o fracasso do nosso dia para que neles possamos encontrar as lições. Também nos habilita a planejar como podemos melhorar no futuro.

É bom lembrar que há muito a aprender com as experiências negativas. Na ciência, os erros sempre precedem as descobertas. É impossível fazer descobertas sem acumular erros. Para um cientista, o erro não é uma falha — é uma resposta. Ao usar essa resposta, o cientista pode perguntar não somente "O que aconteceu?" como também "O que isso significa?" Isso provém da utilização da habilidade do pensamento crítico. Sem ele, perdemos o significado dos acontecimentos em nossa vida.

Quando as lições que aprendemos vêm dos nossos erros, precisamos primeiro determinar se o erro foi por ignorância ou estupidez. *Ignorância* significa que não tínhamos a informação necessária; *estupidez* significa que temos a informação necessária, mas a utilizamos de forma errada.

> É bom lembrar que há muito a aprender com as experiências negativas. Na ciência, os erros sempre precedem as descobertas.

Ao passar tempo refletindo, pergunte a si mesmo:

- O que posso aprender com o que li hoje?
- O que posso aprender com o que vi hoje?
- O que posso aprender com o que ouvi hoje?
- O que posso aprender com o que vivi hoje?
- O que posso aprender com meus erros de hoje?
- O que posso aprender com quem me encontrei hoje?
- O que posso aprender com os assuntos discutidos hoje?

Recomendo que você separe trinta minutos no final de cada dia para pensar sobre as últimas vinte e quatro horas, pensando no que ocorreu e no que você pode aprender. Isso não apenas o ajudará a permanecer ensinável, mas também a aprender algo a cada dia através desse processo.

3. Aplicação

O verdadeiro valor da ensinabilidade aparece quando colocamos em prática algo que aprendemos. Podemos aprender muito com os nossos erros se permanecermos ensináveis. Nem todos fazem isso. Quando as pessoas cometem erros, elas costumam reagir: resolvendo nunca mais cometer outro erro, o que é impossível; permitindo que seu erro as transforme em covardes, o que é tolice; ou decidem aprender com o erro e aplicar a lição às suas vidas, o que é lucrativo.

Outras vezes aprendemos com os pontos positivos e aplicamos tais lições. Recentemente, minha assistente, Linda Eggers, me perguntou se eu queria ver o histórico de todos os livros que já havia escrito. Minha maior surpresa foi a quantidade de livros: setenta e um! Nunca sonhei que isso seria possível. Lembrei-me de quando ainda queria escrever o primeiro. O trabalho foi árduo. Trabalhei muito nele durante um ano e mesmo assim só havia escrito 120 páginas. Eu mal podia acreditar.

Que lição aprendi com isso? Se você se mantiver focado na tarefa presente e continuar trabalhando nela um dia após o outro, semana após semana, ano após ano, pode realizar muito. Mas havia também outra lição. O único motivo pelo qual eu pude escrever tantos livros foi pela forma similar como vejo o aprendizado. Tento aprender algo novo a cada dia. E, por fazer isso, meu volume de aprendizado continua crescendo, e não diminuindo. Recentemente um amigo perguntou quantos livros ainda quero escrever. Não tenho um número específico. A resposta será determinada pela minha determinação em permanecer ensinável e aplicando o que descubro. Enquanto estiver aprendendo, continuarei tendo algo a dizer.

Ensinabilidade sob Fogo

Algumas pessoas podem querer pensar que a ensinabilidade é para pessoas com vantagens e que isso é mais difícil para pessoas menos privilegiadas, enfrentando adversidades ou sofrendo para serem ensináveis. Mas não acho que isso seja verdade. Acredito que a ensinabilidade seja uma atitude, uma decisão de ser ensinável que as pessoas carregam consigo por onde quer que forem e qualquer que seja a experiência. Um grande exemplo disso pode ser encontrado na vida de Richard

Wurmbrand, nascido na Romênia em 1909. Quando jovem, entrou para o mundo dos negócios. Aos 25 anos, ganhou muito dinheiro e viveu um padrão de vida muito alto. Quando tinha 27 anos, contraiu tuberculose. Sua saúde debilitada fez com que reexaminasse a sua vida, e ele se tornou um homem de muita fé. O mesmo fez sua esposa pouco tempo mais tarde. Alguns anos depois, Wurbrand sentiu-se compelido a tornar-se um pastor.

Durante a Segunda Guerra, a Romênia sofreu sob o nazismo e os soviéticos. Wurmbrand lembrou:

> À medida que a guerra aumentava, muitas minorias cristãs foram massacradas ou levadas para os campos de concentração junto com os judeus. Toda a família da minha esposa foi levada — ela nunca mais os viu. Fui preso pelos fascistas em três ocasiões; julgado, interrogado, surrado e preso. Assim, eu estava bem preparado para o que viria a acontecer sob o regime comunista.[5]

Com a aproximação do final da guerra, as tropas russas invadiram a Romênia, colocando-a sob o regime comunista. A perseguição aos cristãos, especialmente aos pastores, tornou-se comum. Em fevereiro de 1948, Wurmbrand foi preso. "Eu estava descendo uma rua em Bucareste", recordou, "quando um carro Ford preto freou bruscamente ao meu lado e dois homens saíram dele. Eles seguraram meus braços e me jogaram no banco traseiro, enquanto um terceiro homem ao lado do motorista apontava uma pistola para mim".[6]

A polícia secreta comunista o levara sob a acusação de espionagem para o Oeste. Durante alguns meses, eles o deixavam em paz. Outras vezes, o questionavam e torturavam. Eles sempre tentavam fazê-lo confessar crimes que não havia cometido. Outras vezes tentavam fazê-lo acusar outros "conspiradores". Wurbrand estava disposto a falar sobre si mesmo, nunca sobre outros. Ele foi confinado em uma solitária durante três anos sem nada para ler ou escrever. Foi colocado em uma área que parecia um armário com pregos nas paredes durante vários dias. No total, ele passou quatorze anos em várias prisões comunistas. Após ter sido finalmente solto e se mudado para o Oeste, ele conheceu uma organização sem fins lucrativos chamada A Voz dos Mártires, dedicada a auxiliar cristãos perseguidos.

Durante a sua prisão, Wurmbrand decidiu ter como objetivo o aprendizado. Ele se concentrou em seu desenvolvimento espiritual. Mas tentou também passar seu espírito ensinável a outras pessoas enquanto encarcerado. Certa vez, quando um companheiro de cela estava sendo

levado para a cela de punição onde muitos prisioneiros haviam morrido, Wurmbrand, que já havia estado naquela mesma cela, disse ao homem: "Quando você voltar, conte-nos o que aprendeu".
Por que Wurmbrand faria isso? Ele estava tentando lembrar ao homem que mantivesse o espírito ensinável para continuar mantendo a esperança de viver.

O desejo de aprender é a maior motivação para continuar vivendo, quer seja uma criança explorando o mundo pela primeira vez, um trabalhador, um prisioneiro ou uma pessoa idosa no dezembro da vida. Isso o mantém jovem e vivo e cheio de esperança. Esse é o poder de permanecer ensinável.

8

Adversidade: O Catalisador para o Aprendizado

Marshall Taylor nasceu em uma família que batalhava financeiramente em Indianápolis, Indiana, em 1878. Seu avô foi um escravo. Seu pai havia lutado pela União na Guerra Civil e estava trabalhando como cocheiro para uma família rica chamada Southards quando Marshall nasceu. Quando menino, Marshall algumas vezes acompanhava seu pai para fazer seu trabalho e exercitar os cavalos Quando Marshall tinha 13 anos, os Southards se mudaram para Chicago. Eles queriam levar o jovem Marshall com ele, pois o filho da família tinha a mesma idade que ele e ambos se tornaram bons amigos. De fato, Marshall havia passado tanto tempo com os Southards que era tratado como membro da família. Mas os Taylors não queriam se mudar. E a mãe de Marshall não podia suportar a ideia de ficar longe do filho. Assim, Marshall ficou onde estava, e da noite para o dia sua vida mudou da vantagem para a adversidade. Mais tarde ele disse: "Passei da vida feliz de 'criança milionária' para a de menino de recados, tudo isso dentro de algumas semanas".[1]

Forte Ética de Trabalho

Marshall imediatamente começou a buscar formas de ganhar dinheiro. Os Southards o haviam presenteado com uma bicicleta; assim, ele começou a usá-la para entregar jornais. Como diversão, ele também aprendia a fazer manobras com a sua bicicleta. Quando os donos da loja de bicicletas souberam da sua habilidade, contrataram Marshall. Eles o colocaram em um uniforme estilo militar e pediram que fizesse truques e manobras em frente à loja. Por causa do uniforme, as pessoas começaram a chamá-lo de "Major".

Isso foi em 1890, tempo em que as bicicletas estavam no auge. Na virada do século, os Estados Unidos tinham 75 milhões de pessoas e apenas 5.000 carros, porém mais de 20 milhões de bicicletas.[2] E o maior e mais popular esporte da América e Europa eram as corridas de bicicleta.[3] As pessoas amavam as corridas e milhares de pessoas assistiam, assim como assistem ao futebol hoje em dia. Havia todos os tipos de corridas. Algumas de curta distância e outras de longa distância. Outras duravam vários dias, nas quais os participantes dormiam talvez uma hora por noite a cada oito horas de corrida. Essas longas corridas resultavam em lesões e ocasionais mortes. Milhares de espectadores assistiam às corridas nas principais cidades da América e Europa. E alguns pilotos profissionais ganhavam muito bem — quatro vezes mais do que os jogadores profissionais de beisebol.[4]

Tentando se beneficiar ao máximo da popularidade das corridas para promover sua loja de bicicletas, um dos proprietários que empregou Marshall o inscreveu para a corrida de dez milhas.

"Sei que você não pode chegar ao final dela", disse ele ao nervoso Marshall, "mas suba um pouco a rua, isso vai agradar à multidão, e você pode voltar assim que se cansar".[5]

O que o proprietário da loja não sabia era que Marshall ia e voltava de bicicleta para casa todos os dias — cerca de 40 quilômetros em cada direção. O rapaz partiu, e para o espanto e prazer do proprietário, não apenas terminou a corrida, como também a venceu! Embora a corrida o tenha deixado exausto a ponto de desmaiar, ele venceu os outros adultos experientes com uma margem de cinco segundos. E ele tinha apenas 13 anos!

Somente o Começo

Aquele dia foi o início de uma carreira desportiva para Marshall Taylor. Foi também o início de uma vida com ainda mais adversidades. Muitos dos corredores locais não gostaram de perder para alguém que não era branco. Como resultado, eles dificultaram a sua vida. Ele foi continuamente ameaçado. Um grupo de corredores brancos certificou-se de que ele não pudesse se associar a nenhum clube local de ciclistas. Finalmente, conseguiram que ele fosse impedido de disputar corridas locais.

Eles suspeitavam que Marshall fosse melhor do que eles. Aos 17 anos, Marshall provou isso. Um amigo e mentor conseguiu que ele fosse aceito no que seria essencialmente uma exibição, uma vez que nenhum dos seus resultados seria oficial. Marshall participou da corrida de uma milha e venceu com mais de oito segundos de vantagem. Ele então completou a corrida de um quinto de milha e quebrou o recorde mundial.

Sabendo que nunca seria aceito em Indianápolis, Marshall mudou-se para Massachusetts, escolhendo aquele Estado porque sua delegação da Liga American Wheelmen foi a única a votar unanimemente *não* proibir membros negros em sua reunião anterior. Lá ele competiu com sucesso, mas muitas pessoas ainda se recusavam a aceitá-lo. Ele foi repetidamente ameaçado. Os competidores juntavam-se para que ele nem saísse da largada ou tentavam feri-lo. Após Marshall ter vencido uma corrida, outro ciclista bateu nele e quase o sufocou até a morte. Certo inverno, quando Marshall decidiu ir para o sul a fim de treinar e estabelecer-se em Savannah, Geórgia, ele estava lá há pouco tempo quando recebeu a seguinte carta:

Caro Sr. Taylor,
Se não partir em vinte e quatro horas, você vai se arrepender.
Nós falamos sério — vá embora se você dá valor à sua vida.

Corredores Brancos

Uma caveira e ossos cruzados haviam sido desenhados no rodapé da carta.[6] Marshall partiu para o norte.

Sua carreira foi notável, o Black Cyclone (ciclone negro), como era chamado, tornou-se profissional enquanto ainda adolescente. Antes de completar 20 anos, ele havia quebrado sete recordes mundiais. Venceu 29 das 49 corridas que competiu, e venceu o campeonato mundial de ciclismo em 1899. Ele se aposentou em 1910 com 32 anos.

Infelizmente, Marshall foi financeiramente eliminado pela quebra da bolsa de valores e pela grande depressão. Ele morreu pobre em 1932. E sua história de coragem ao vencer as adversidades foi esquecida por muitos. Mas não pela sua família. Sua bisneta, Jan Brown, diz: "A melhor parte dessa história é sua resistência às limitações que outros impunham a ele... O fato de manter o foco e o senso de espírito necessário para definir e perseguir seu objetivo já é um prêmio. O fato de que ele os conquistava, e fazia isso de forma tão inspiradora, é a cereja do bolo".[7]

O Fator *Se*

O escritor e professor Robertson Davies disse: "Pessoas extraordinárias sobrevivem sob as circunstâncias mais terríveis e então se tornam mais extraordinárias por causa delas". Essa era uma verdade para Marshall Taylor. Nunca somos os mesmos após a dor da adversidade. Ela é o catalisador para a mudança. No caso de Marshall, ele não ficou ressentido. Apenas se esforçou mais. Ao descobrir que seus competi-

"Pessoas extraordinárias sobrevivem sob as circunstâncias mais terríveis e então se tornam mais extraordinárias por causa delas."

– Robertson Davies

dores iriam tentar machucá-lo durante as corridas, ele aprendeu a largar na frente e lá permanecer! Ele usou a adversidade para ficar mais esperto — e melhor.

Acredito que um dos momentos em que as pessoas mudam é quando ficam magoadas o suficiente até que a mudança seja inevitável. A adversidade causa a dor e é um alerta para mudar. Na maioria das vezes não escolhemos nossa adversidade, mas sempre podemos escolher como reagir. Se respondermos positivamente às adversidades, o resultado será potencialmente positivo. Se respondermos negativamente às nossas dificuldades, nosso resultado será potencialmente negativo. É por isso que chamo nossa resposta de "o fator *se*".

Há uma história sobre uma jovem que reclamou da vida para seu pai e como as coisas eram difíceis para ela. A adversidade da vida a estava oprimindo, e ela queria desistir.

Enquanto ouvia, seu pai encheu três panelas com água e as colocou sobre o fogão. Na primeira ele colocou fatias de cenoura; na segunda, ovos; e na terceira, grãos de café. Ele então deixou ferver por alguns minutos e colocou-os em frente a ela.

— O que você vê? — perguntou ele.

— Cenouras, ovos e café — respondeu ela.

Ele pediu que ela experimentasse as cenouras. Ela pegou um pedaço e esmagou entre os dedos. Ele então pediu que ela examinasse o ovo. Ela pegou um, quebrou a casca e viu que ele estava bem cozido por dentro. Finalmente, ele pediu que ela tomasse um gole de café. Ela sorriu ao provar seu rico sabor.

— O que significa isso? — perguntou ela.

— Cada ingrediente foi sujeito à mesma coisa, água fervente, mas cada um reagiu diferente. As cenouras eram duras, mas após serem cozidas, ficaram moles. O ovo era frágil, com uma fina casca externa e interior líquido. Mas ele ficou duro. Os grãos de café mudaram um pouco, porém melhoraram o sabor da água. Qual deles é você? — perguntou. — Quando enfrenta a adversidade, como você reage? Você é uma cenoura, um ovo ou um grão de café?

A vida é cheia de adversidades. Podemos ser amassados por elas. Podemos permitir que elas nos deixem mais rígidos. Ou podemos tirar o melhor dela, melhorando a situação. Como disse o primeiro ministro britânico Wiston Churchill: "Tenho continuamente tirado proveito da crítica em todos os períodos da minha vida, e não lembro de um momento em que fiquei sem ela". Uma vez que você certamente enfrentará adversidades, por que não tirar proveito dela?

As Vantagens da Adversidade

A adversidade é o catalisador para o aprendizado. Ela pode realmente criar vantagens para você *se* enfrentá-la com a atitude correta. Tudo depende da sua atitude com relação a ela. Eis o que quero dizer:

1. *A Adversidade nos Apresenta a nós Mesmos se Quisermos Conhecer a nós Mesmos*

A adversidade chama a nossa atenção. Não podemos ignorar isso. Ela nos faz parar e olhar para outra situação. E para nós mesmos se tivermos coragem. A adversidade é uma oportunidade para a autodescoberta. Como o grande líder egípcio Anwar el-Sadat disse, "o grande sofrimento constrói o ser humano e o coloca ao alcance do autoconhecimento". Acredito que isso seja verdade — se a abordamos dessa forma.

> A adversidade é uma oportunidade para a autodescoberta.

Infelizmente, muitas pessoas escolhem se esconder durante os tempos de adversidade. Elas constroem paredes, fecham os olhos, fogem, tomam remédios ou fazem o que for preciso para evitar ter que lidar com a realidade da situação. Elas são como o sargento Schulz na antiga comédia da televisão americana *Hogan's Heroes*. Sempre que acontece algo que eles não querem reconhecer, ele diz: "Não vi nada, não sei de nada". Se essa é a sua resposta às adversidades, você nunca compreenderá a situação.

Um dos meus livros favoritos é *As a Man Thinketh* [Como um Homem se Julga], de James Allen. Meu pai mandou que eu o lesse quando estava no primeiro ano do Ensino Médio. Uma das ideias que causou grande impressão em mim como um jovem foi esta: "A circunstância não faz o homem; ela o revela a si mesmo". Isso é verdade, mas apenas *se* você permitir.

O palestrante Tony Robbins contrasta a diferença entre uma pessoa que ganha na loteria e outra que é paralisada do pescoço para baixo em um acidente. Quem ele diz ser mais feliz após três anos? A pessoa paralisada. Por quê? O que venceu na loteria espera que sua vida mude, mas baseia isso nas circunstâncias. Em contraste, a pessoa paralisada é introduzida a si mesma pela adversidade. Ela vence desafios que nunca pensou poder enfrentar. E ele passa a apreciar as coisas boas desta vida, incluindo relacionamentos, como nunca antes.

"Ao final", diz Robbins, "quando alguém analisa sua vida e pensa sobre o que o faz feliz, costuma pensar nas pessoas que ama e nos desafios que enfrenta e vence, definindo assim sua força interior. Essas são as coisas das quais se orgulham e que desejam relembrar".

A adversidade foi introduzida a mim por mim mesmo muitas vezes durante a minha vida. Ela tem aberto os meus olhos. Tem examinado o mais profundo do meu coração. Ela tem testado minhas forças. E tem me ensinado muito. Eis algumas poucas lições que aprendi:

- Quando perco o rumo e pareço perdido, aprendo que a estrada para o sucesso nem sempre é pavimentada.
- Quando fico exausto e frustrado, aprendo que o momento de tentar não é o momento de parar.
- Quando fico desanimado com meu progresso, aprendo a não permitir que o que eu estava fazendo me apanhe antes que eu o domine.
- Quando fracasso, aprendo que não serei julgado pelo número de vezes que falhei, mas pelo número de vezes que venci.

A adversidade tem me introduzido à tenacidade, criatividade, foco e muitas outras coisas positivas que me ajudam a gostar mais de mim, O novelista e compositor Samuel Lover observou: "As circunstâncias são as regras do fraco; mas os instrumentos dos sábios". Se responder de forma negativa às minhas circunstâncias, elas continuarão a me escravizar. Se responder de forma sábia, minhas circunstâncias trabalharão a meu favor.

"As circunstâncias são as regras do fraco; mas os instrumentos dos sábios."
– Samuel Lover

2. A Adversidade É Melhor Professor do que o Sucesso se Quisermos Aprender com ela

A adversidade chega a nós como uma ferramenta de ensino. "Você provavelmente já ouviu o ditado: "Quando o aluno estiver pronto, o professor chegará". Não necessariamente. Com a adversidade, o professor chegará, esteja o aluno pronto ou não. Aqueles que estão prontos aprendem com o professor. Os que não estão prontos não aprendem.

O filósofo e autor Emmer Fox disse: "É a lei que muitas dificuldades que podem vir ao seu encontro a qualquer momento, não importam quais sejam, devem ser exatamente o que você necessita no momento para que possa dar o próximo passo para vencê-las. O único infortúnio, a única tragédia verdadeira, acontece quanto sofremos sem aprender a lição". A chave para evitá-la é *querer* aprender com as dificuldades da vida.

Uma das coisas que mais gosto sobre viajar com a família é o tempo que passamos conversando. Com o passar dos anos, Margaret e eu temos feito viagens maravilhosas com meu irmão Larry e sua esposa, Anita. Jantamos juntos. Visitamos pontos turísticos. Compartilhamos sorrisos e às vezes lágrimas. É fantástico ter tantas lembranças de tantos lugares no mundo com as pessoas que amamos.

Não faz muito tempo que passamos uma semana em Viena, Áustria. Que cidade maravilhosa, cheia de histórias e influências musicais. Certa noite, nós nos sentamos em um café, onde partilhei com Larry e Anita que estava escrevendo este livro e pedi a opinião deles. Após ouvir um resumo do livro, Larry imediatamente citou o seguinte poema de Robert Browning Hamilton, que aprendeu quando menino:

Andei uma milha com prazer;
Ela me enganou todo o tempo,
Mas não me deixou mais sábio,
Com tudo que tinha a dizer.

Andei uma milha com tristeza;
El ela nunca disse uma palavra sequer,
Mas, ah, as coisas que aprendi com ela,
Quando a tristeza andou comigo.[8]

O conselho de Oprah Winfrey, "transforme suas feridas em sabedoria", pode ser verdade em nossa vida *se* quisermos aprender com as nossas feridas. Ela requer a mentalidade correta e a intenção deliberada de encontrar a lição na perda. Se não abraçamos essas coisas, o que teremos ao final serão apenas cicatrizes.

> "Transforme suas feridas em sabedoria."
> – *Oprah Winfrey*

3. A Adversidade Abre Portas para Novas Oportunidades se Desejarmos Aprender com Elas

Uma das maiores lições que aprendi como líder é que a adversidade costuma ser a porta para a oportunidade. Os bons empreendedores sabem disso instintivamente, mas a maioria das pessoas foi treinada para enxergar a adversidade da forma errada.

Como observou o palestrante e cofundador da Rich Dad Company (Empresa Pai Rico), Kim Kiyosaki, "a maioria de nós é ensinada, desde o jardim de infância, que os erros são ruins. Quantas vezes você ouviu: 'Não cometa erros!'. Na verdade, a forma como aprendemos é *cometendo* erros. Um erro apenas demonstra que você está fazendo algo que não sabia. Ao cometer o erro, você aprende. Pense na primeira vez em que você encostou em um fogão ligado (o erro). Ao cometer esse erro, você aprendeu que se encostar no fogão ligado vai se queimar. O erro não é ruim; ele existe para ensinar algo".

Quando enfrentam adversidades, muitas pessoas permitem que elas as derrotem. Em vez disso, elas precisam buscar os benefícios ou oportunidades. Um de meus exemplos favoritos aconteceu na Proctor e Gamble, nos anos de 1870. Um dia, na fábrica, um empregado foi almoçar e esqueceu-se de desligar o maquinário que estava misturando o sabão. Quando retornou, o volume do sabão havia aumentado, pois o ar havia entrado na mistura. Que erro! O que ele deveria fazer? Não querendo jogar fora, ele o derramou em quadros, e ele foi cortado, empacotado e despachado, mesmo pensando que ele havia arruinado a mistura.

Algumas semanas mais tarde, a empresa começou a receber cartas dos clientes pedindo mais dos sabonetes que boiavam. Por quê? O sabonete havia sido usado em fábricas. Ao final do turno, os trabalhadores das fábricas se lavavam em cubas com água parada que ficavam turvas. Os sabonetes que boiavam eram mais fáceis de serem encontrados ao cair. Um defeito de fábrica levou a uma oportunidade, a criação do sabonete Ivory, que é vendido até hoje, mais de cem anos depois.

Você não precisa ser uma pessoa de negócios ou um empreendedor para tirar vantagem das oportunidades trazidas pela adversidade. Por exemplo, nas semanas que se seguiram aos ataques de 11 de setembro de 2001, em Nova York, Rudy Guiliani e outros nova-iorquinos lembraram a todos que Nova York estava aberta para os negócios, pois poucas pessoas estavam visitando a cidade. Margaret e eu vimos uma oportunidade e fomos para Nova York passar uma semana. Imagine como nos divertimos ao comprar com facilidade os ingressos para os melhores shows da Broadway e comer em qualquer restaurante que desejássemos. Foi uma viagem única!

Enquanto escrevo este livro, a economia na América e em muitos outros lugares pelo mundo não vai bem. Entretanto, em meio à queda livre, muitas oportunidades estão surgindo. A história dos negócios é cheia de exemplos de produtos e serviços que foram lançados durante as difíceis recessões:

- Boeing 707 (1957)
- FedEx (1973)
- Microsoft MS-DOS (1981)
- iPod da Apple (2001)

Como disse "Mickie" Siebert, a Primeira Mulher das Finanças, disse: "Qualquer mudança significativa nos negócios é uma oportunidade para novos negócios". Você está enxergando as oportunidades? Está buscando oportunidades para tirar vantagem delas? O preço dos imóveis está em baixa: existe uma oportunidade. Os juros estão em baixa: isso traz oportunidades. Os negócios precisam de mudança; isso proporciona várias oportunidades. Cada adversidade traz uma vantagem. Você está tirando o máximo de proveito dela? Ou tem deixado que a adversidade o derrote?

> "Qualquer mudança significativa nos negócios é uma oportunidade para novos negócios."
> – Muriel "Mickie" Siebert

4. A Adversidade Pode Sinalizar a Chegada de uma Transição Positiva se Desejarmos Reagir de Forma Correta

Em 1915, as pessoas da cidade de Coffee, Alabama, ficaram arrasadas após sua plantação de algodão ter sido destruída pela praga de bicudos. Toda a região girava em torno do algodão. O que eles fariam? O cientista George Washington Carver sugeriu que os fazendeiros locais plantassem amendoim.

Quando chegou o tempo da colheita, Carver pôde mostrar como os amendoins poderiam ser utilizados nos cosméticos. Isso abriu a economia para novos plantios, novas ideias, e um futuro melhor. Hoje os amendoins ainda são uma colheita vital na parte sudeste dos Estados Unidos. Como foi bom para todos que Carver tenha visto a oportunidade para a transição que a adversidade proveu.

Em 1996, fundei a EQUIP, uma organização não governamental sem fins lucrativos que existe para treinar líderes internacionalmente. Até aqui treinamos mais de cinco mil líderes em 173 países. Mas a EQUIP também dá assistência a líderes internacionais em tempos de crises. Por quê? Porque acreditamos que as crises frequentemente dão aos líderes a oportunidade de aprender, de fazer mudanças positivas e criar transições para ajudar o seu povo. Por exemplo, quando muitos líderes da Polônia foram mortos em um acidente de avião vários anos atrás, os líderes da EQUIP viajaram para Poland, pois eles sabiam que a resposta dos líderes durante transições negativas determinam a resposta do povo.

A vida de uma pessoa de sucesso é composta de uma transição após a outra. Ficar estável não é uma opção na vida. O tempo está sempre passando. Não podemos pará-lo, tampouco seus efeitos. Precisamos fazer mudanças, e a adversidade pode ser um catalisador. James Allen escreveu: "Que a pessoa se regozije quando é confrontada pelos obstáculos, pois isso significa que ela chegou ao final de uma linha particular de indiferença ou insensatez, e agora deve reunir toda energia e inteligência para desembaraçar a si mesma, e para encontrar uma maneira melhor; que os poderes dentro dela estão gritando por uma libertação muito maior, por um exercício e escopo ampliado".

5. A Adversidade Traz tanto Lucro quanto a Dor se a Esperarmos e Fizermos Planos para Ela

No filme *Falcão Negro em Perigo*, um veículo cheio de soldados americanos feridos para em meio a uma rua onde balas somalis cruzavam em todas as direções. O oficial em comando ordena que um soldado entre e comece a dirigir.

— Não posso — responde o soldado. — Fui atingido.

— Todos fomos atingidos — responde o oficial. — Entre e dirija!

Na vida todos devemos esperar dores. É parte da vida. Faz parte da perda. A questão é: você vai permitir que isso o impeça de fazer o que quer e precisa fazer?

Ninguém diz: "Lute pela medalha de prata". Atletas, treinadores e fãs sempre dizem: "Lute pelo ouro!" Por quê? Porque o ouro representa o melhor. Se você vai suportar a dor necessária para competir, por que não competir para ganhar?

As pessoas bem-sucedidas esperam sentir dor quando enfrentam as adversidades. Elas planejam isso. E por planejarem, elas se preparam para se beneficiarem delas. Fred Smith disse certa vez: "Eu ouvi Bob Richards, o ganhador da medalha de ouro olímpica, entrevistar os vencedores mais jovens. Ele perguntou: 'O que você fez quando começou a sentir dor?'" Fred destaca que nenhum dos ganhadores ficou surpreso com a pergunta. Eles esperavam a dor, e eles tinham a estratégia para lidar com ela. Como Bob Richards resumiu, "Você nunca ganha a medalha de ouro sem sentir dor".

> "Você nunca ganha a medalha de ouro sem sentir dor."
> – Bob Richards

Um artigo de Amy Wilkinson no jornal *USA Today* descreveu o espírito empresarial da América, que pode ser traçado desde o seu início e foi concretizado durante a Revolução Americana. Wilkinson escreveu:

O pequeno grupo de pessoas que fundou os Estados Unidos não era estranho ao risco e à inovação. George Washington fundou uma das maiores destilarias de uísque na nova nação.

Benjamim Franklin era um inventor, e Thomas Jefferson, um arquiteto.

Mas esses empresários fizeram seu investimento mais arriscado [em 1776] quando lançaram as bases para a nação democrática que perdurou a despeito de todas as probabilidades. Ao fazer isso, eles estabeleceram um precedente para a ousadia e imaginação que viria a definir o sonho americano.[9]

Os pais fundadores sabiam que enfrentariam adversidades ao se rebelarem contra a Inglaterra. Eles sabiam que sofreriam dores. Mas por estarem preparados para ela, estavam também aptos a colher os benefícios. Os cidadãos dos Estados Unidos continuam a colher tais benefícios. Wilkinson resume a lição citando o cofundador do PayPal, Pedro Thiel, que disse: "A lição que as pessoas aprenderam era que as coisas são difíceis, mas se realmente trabalhar nelas, você pode fazer com que dê certo". Essa é a lição que todas as pessoas de sucesso aprendem e colocam em prática.

6. A Adversidade Escreve nossa História e se nossa Atitude for Correta, a História Será Boa

Algumas pessoas tratam a adversidade como um degrau, outras como uma lápide. A diferença da forma como a abordam depende de como a veem. O psicólogo de performance Jim Loehr diz: "Os campeões têm nos ensinado como viver uma experiência e essencialmente escrever a história do seu efeito. Se você enxergar a falha como uma oportunidade de aprender e melhorar, assim será.

Se a encarar como um vento mortal, assim será. Dessa forma, o poder da história é mais importante do que a própria experiência".

O golfe, que é um jogo de altos e baixos extremos, fornece um grande exemplo disso. Alguns jogadores vencem a adversidade, e suas atitudes escrevem uma grande história. Outros desmoronam. Por exemplo, em 1982, quando tinha 46 anos, Jack Nicklaus perdeu o campeonato americano após Tom Watson assumir a liderança.

A maioria das pessoas pensou que Nicklaus estivesse acabado. Mas ele venceu o campeonato de masters quatro anos depois. Compare isso com Tony Jacklin, que perdeu o Aberto da Inglaterra de 1972 por três para Lee Trevino. Jacklin disse mais tarde: "Tive o coração arrancado do meu peito. Nunca mais fui o mesmo".

Se enfrentar a adversidade de forma correta, você verá que ela pode ajudá-lo a tornar-se melhor do que era antes. Li um poema de James Casey alguns anos atrás chamado "Escale o Caminho Íngreme". A primeira estrofe diz:

Para cada montanha que precisei escalar
Para cada rocha que machucou meus pés
Por todo o sangue e suor e sujeira
Para cada tempestade e calor escaldante
Meu coração canta uma grata canção
Essas foram as coisas que me fortaleceram.[10]

Que tipo de história a adversidade escreverá em sua vida? Será como a de Nicklaus ou como a de Jacklin? Espero que a sua seja positiva. A adversidade sem triunfo não é inspiradora; é deprimente. A adversidade sem crescimento não é encorajadora; é desencorajadora. A história de grande potencial na adversidade é aquela de esperança e sucesso. A adversidade é para todos, mas a história que você escreve através da sua vida é somente sua. Todos têm uma chance de ser os heróis em uma grande história em potencial.

> A adversidade é para todos, mas a história que você escreve através da sua vida é somente sua.

Alguns desempenham o papel, outros não. A escolha é sua.

9
Problemas: Oportunidades para Aprender

Sempre que sinto que os problemas estão me sobrecarregando e estou em perigo de ficar desencorajado, leio uma história que conheci há alguns anos. É um relato do que aconteceria hoje se Noé tentasse construir a arca.

E o Senhor falou com Noé e disse:
— Em seis meses vou fazer chover até que toda a terra seja coberta com água e todas as pessoas más serão destruídas. Mas preciso salvar algumas pessoas boas e dois seres vivos de cada espécie no planeta. Estou mandando você construir uma arca para mim.
E em um piscar de olhos Ele entregou as especificações da arca.
— Certo — disse Noé, tremendo de medo e atrapalhado com as plantas.
— Seis meses, e começará a chover — trovejou o Senhor.
— É melhor ter terminado a minha arca, ou pode aprender como permanecer nadando por muito tempo.
Seis meses se passaram. O céu começou a ficar nublado e a chuva começou a cair. O Senhor viu que Noé estava sentado na varanda da sua casa, chorando. E não havia arca alguma.
— Senhor, por favor, me perdoe! — implorou Noé.
— Fiz o meu melhor. Mas tive muitos problemas. Primeiro precisei de uma licença para o projeto de construção da arca, e seus planos não atenderam às exigências. Então precisei contatar um engenheiro para redesenhar o projeto. Então houve uma confusão tremenda sobre a necessidade ou não de colocar dispositivos de incêndio na arca. Meus vizinhos contestaram, dizendo que eu estava violando o zoneamento

ao construir a arca no quintal da frente, então eu precisava conseguir uma variância da comissão de planejamento. Então tive um problema enorme para conseguir a madeira da arca, pois havia uma proibição do corte das árvores para salvar as corujas em extinção. Precisei convencer as organizações de que precisava da madeira para salvar as corujas. Mas eles não me deixaram pegar nem uma coruja. Então os carpinteiros formaram um sindicato e fizeram greve. Precisei negociar um acordo com o Conselho Nacional de Relações do Trabalho antes que qualquer um tocasse em uma serra ou martelo. Agora temos dezesseis carpinteiros no barco, mas nenhuma coruja. Então comecei a juntar os animais e fui processado por um grupo de defesa dos animais. Eles se opuseram que eu pegasse apenas dois de cada espécie. Justo quando havia me livrado do processo, a Agência de Proteção Ambiental notificou que eu não poderia completar a arca sem preencher uma declaração de impacto ambiental para a sua proposta de enchente. Eles não gostaram da ideia de não terem jurisdição sobre a conduta do Ser Divino. Então o Corpo de Engenheiros queria o mapa da planície de inundação. Mandei um globo terrestre para eles. Nesse momento estou tentando resolver a reclamação da Comissão de Igualdade de Oportunidade de Emprego sobre quantas pessoas devo contratar, a Receita Federal está investigando meus bens. Realmente acho que não consigo terminar sua arca antes de cinco anos!

O céu começa a clarear. O sol começa a brilhar. Um arco-íris surge no céu. Noé olhou e sorriu. — Quer dizer que o Senhor não vai destruir a Terra? — perguntou Noé esperançoso.

— Não — disse o Senhor com pesar. — O governo já destruiu.[1]

Meu Próprio Dilúvio de Problemas

Adoro essa história porque é absurda. Ninguém poderia enfrentar tais problemas na vida real, certo? Bem, você ficaria surpreso ao saber que tive minha própria experiência de liderança que me fez sentir como Noé quando eu pastoreava a igreja em La Mesa, Califórnia.

Assumi a liderança em 1981, mas não demorei a perceber que tínhamos dois grandes problemas: nossa localização era ruim e logo as nossas pequenas instalações ficariam pequenas para o nosso crescimento.

Eu sabia que precisava fazer algo; assim, comecei a conversar com as pessoas sobre a mudança. E, a despeito do apego emocional ao bairro e às instalações, em 1983 eles votaram pela mudança. Eu já havia construído prédios em meus dois cargos anteriores e transferido pessoas em uma das duas empreitadas, então pensei que sabia o que me esperava. Mas eu estava errado. Esse acabou sendo meu maior desafio de liderança, e fonte de um problema após o outro.

Imagine nossa alegria quando compramos o terreno: quase 527 mil metros quadrados, por 1,8 milhão de dólares. Esse foi um desafio, mas não foi nada que não pudéssemos vencer. Com grande antecipação e esperança, começamos o planejamento. O primeiro problema surgiu com o local onde queríamos construir nosso prédio principal, bem no topo da colina. Dessa forma ele teria uma vista maravilhosa da área, e as pessoas da comunidade saberiam da nossa existência. Mas as autoridades locais alegaram que seria muito intrusivo para a comunidade. Foi uma decepção, mas não queríamos afastar os nossos vizinhos, então nos ajustamos.

Na Califórnia, é obrigatório pagar por um estudo ambiental se quiser construir alguma coisa. Isso vem com o território. Então fizemos. Durante o aquele estudo, descobriram que um casal de gnatcatchers de rabo preto algumas vezes habitava naquela terra. Era de se esperar que houvesse animais naquela terra não ocupada, então não pareceu um problema. Só havia um problema: Essa é uma espécie de pássaros em perigo. Foi decidido que, durante o período de seis meses de procriação, não poderíamos fazer nada que os atrapalhasse. Isso afetou grandemente nosso cronograma de construção.

Então descobriram que crescia salva costeira no terreno. Adivinhe? Outro problema. Disseram que não poderíamos construir onde ela crescia. Então mudamos os planos do local do prédio — novamente.

Tivemos que mudar novamente quando soubemos que a estrada seria ampliada. Adivinhe onde passaria? Bem no meio de onde construiríamos o prédio. Mudamos outra vez.

Então alguém descobriu uma pedra enegrecida na propriedade. Não pensamos que era incomum. Antes que a área de San Diego se desenvolvesse, as pessoas costumavam acampar e fazer *dirt bike* na parte leste do bairro. Mas havia um problema: um especialista acreditava que a pedra poderia pertencer aos restos de fogueira utilizados pelos habitantes da região dois mil anos atrás. Tivemos que pagar 120 mil dólares por uma escavação arqueológica.

Devido ao custo da obra ter subido tanto, decidimos vender uma parte do terreno que dava frente para a estrada a fim de gerar fundos. Isso ajudaria muito no custo da construção. Mas havia um problema. A prefeitura declarou que a área de terra que queríamos vender teria que ser declarada espaço aberto, pois havia outra espécie de pássaro nela.

Quando percebemos que a topografia da terra dificultaria a construção do estacionamento, compramos mais oito acres por 250 mil dólares. Embora caro, sabíamos que isso nos proporcionaria mais seiscentas vagas de carros. Mas houve um problema: a prefeitura decidiu que aquela área deveria ser usada para "conectividade ambiental" para a vida selvagem. Aí foi mais um quarto de milhão de dólares.

A essa altura, já havíamos gasto milhões de dólares e quase uma década tentando cortar a faixa vermelha da burocracia, e ainda nem tínhamos nossa licença para construir! Nosso plano era utilizar 25 dos 138 acres que havíamos comprado. Mas adivinhe? Havia um problema. As autoridades decidiram que causaríamos muitos danos ao meio ambiente se utilizássemos esses acres e deixássemos *apenas* 113 acres para a vida selvagem. Para mitigar os danos, tivemos que comprar outros 25 acres nas montanhas por 150 mil dólares e entregar a escritura daquela terra para um fundo fiduciário.

Então — apenas então — após longos doze anos, recebemos a aprovação da prefeitura para a construção. Finalmente poderíamos começar a construção. Nessa época, meu sucessor, Jim Garlow, havia assumido o projeto. Mas adivinhe? Ainda não estávamos fora da floresta. Ainda tínhamos mais problemas.

Sempre soubemos que havia granito na propriedade, e havíamos projetado 38 mil dólares para as explosões. Mas foi apenas quando eles começaram a retirada da terra que descobriram ser granito azul, seis vezes mais forte do que concreto; o custo da explosão foi dez vezes maior do que o planejado.

Enquanto dois canos de água estavam sendo instalados na propriedade, os trabalhadores encontraram mais granito azul; isso adicionou outros 192 mil dólares ao custo e estendeu o processo da construção em dois anos e meio.

Durante a construção, foi decidido que a estrada programada para passar no topo da colina da propriedade seria uma rodovia. O condado de San Diego concordou em pagar 1 milhão para a construção da igreja e a igreja teve que pagar 1,1 milhão. E, devido à mudança dos requerimentos da construção relacionados à segurança dos terremotos, o montante de aço e concreto em um dos prédios foi aumentado em 856 mil dólares.

Finalmente o sucesso! Os problemas pareciam nunca terminar. Mas *finalmente*, no final de semana de 15 de abril de 2000, a convite de Jim, entrei nas novas instalações com mais de cinco mil pessoas e todos celebramos. Demorou um total de dezessete anos e milhões de dólares em custos excedidos, mas a missão estava finalmente cumprida! O psiquiatra M. Scott Peck disse: "A vida é uma série de problemas. Queremos lamentá-los ou resolvê-los?" Eu tentei resolver aqueles problemas, mas tenho que admitir que também lamentei. Nem sei se Noé teria aguentado tudo aquilo! Mas sou grato por finalmente ter tido sucesso.

Sempre quando lido com questões difíceis, acho que nos sentimos como Charles Schultz, que disse: "Algumas vezes perco o sono à noite e pergunto: 'O que eu fiz de errado?'. Então uma voz me diz: 'Isso vai levar mais do que uma noite'".

Acho que é importante lembrar que todos temos problemas, não importa quão alto ou baixo seja seu posto na vida. Algumas vezes olhamos para a vida das outras pessoas, e se elas forem bem-sucedidas e pareçam ter tudo sob controle, presumimos que elas não têm problemas. Ou acreditamos que seus problemas sejam mais fáceis de lidar do que os nossos. Essa é uma falsa crença. Por exemplo, Jeff Immelt é o CEO da General Electric, uma posição que a maioria dos líderes respeita. E eles podem pensar que a posição privilegiada de Immelt o protegeria dos problemas. Mas immelt disse o seguinte após o ataque de 11 de setembro: "Meu segundo dia como presidente, um avião que eu alugo, voando com motores que eu construo, bateu contra um edifício para o qual eu asseguro, e o ocorrido foi coberto por uma emissora que pertence a mim". Esse foi um dia cheio de problemas.

Não Faça Isso...

A chave para vencer os problemas e aprender com eles é enfrentá-los da maneira correta. Com o passar dos anos, aprendi que os problemas melhoram ou pioram baseados no que você faz ou não quando os enfrenta. Primeiro, deixe-me falar dos nãos:

1. Não Subestime o Problema

Certamente aprendi essa lição da forma mais difícil, pela experiência. Meu maior erro no esforço em construir o prédio em San Diego foi subestimar grosseiramente o problema. Eu fui ingênuo; superestimei minha experiência anterior à da construção. Construir um prédio pequeno na zona rural de Indiana ou na pequena cidade de Ohio não é nada comparado à burocracia da Califórnia do Sul! Seria como pedir a um jogador de beisebol do Ensino Médio para administrar um time durante o Campeonato Mundial.

Muitos problemas ficam sem solução ou não administrados sem eficiência porque não os levamos a sério o suficiente. Há alguns anos, li um livro maravilhoso de Robert H. Schuller chamado *Tough Times Don't Last But Tough People Do* [Tempos tenazes não duram, mas pessoas tenazes sim]. O parágrafo seguinte me ajudou como jovem líder a encontrar uma visão mais realista dos meus problemas e de mim mesmo:

Nunca subestime um problema ou seu poder para lidar com ele. Perceba que o problema que você está enfrentando tem sido enfrentado por milhões de seres humanos. Você tem potencial inexplorado para lidar com um problema se levá-lo a sério bem como aos seus poderes não desenvolvidos e não canalizados. Sua reação ao problema, tanto quanto o próprio problema em si, determinará o resultado. Tenho visto pessoas enfrentarem os problemas mais catastróficos com uma atitude mental positiva, transformando seus problemas em experiências criativas. Eles transformaram cicatrizes em diretrizes.[2]

Quando li esse parágrafo pela primeira vez, fiquei inspirado. Ele me fez acreditar que o tamanho da pessoa é mais importante do que o tamanho do problema.

Nossa perspectiva do problema é muito importante. Shug Jordan, um ex-técnico de futebol americano e de basquete na Auburn University, estava explicando a um de seus novos técnicos como recrutar jogadores para o time quando perguntou:

— Nós queremos o jogador que é derrubado no chão e não se levanta?

— Não — disse o novo técnico —, não queremos esse.

— Nós queremos o jogador que é derrubado, fica em pé, é derrubado, fica em pé, é derrubado, fica em pé?

— Sim — disse o novo técnico. — Nós queremos esse!

— Não, não queremos — disse Jordan. — Queremos o cara que fica derrubando todo o mundo!

Quanto maior a pessoa, menor o problema.

2. Não Superestime o Problema

Algumas pessoas experimentam um problema três ou quatro vezes. A primeira vez é quando estão preocupados com o problema. A segunda vez, quando ele realmente ocorre. E novamente quando continuam revivendo o problema! Eu já fiz isso. E você? Quando um problema se apresenta, meu primeiro instinto é sempre exagerar seu impacto. Faça isso e você pode ser derrotado antes que o problema aconteça!

Cy Young foi um dos maiores lançadores da liga principal de basquete. Após o término de sua carreira, ele comentou sobre a tendência dos treinadores de tirarem seus principiantes do jogo ao menor sinal de problema. Ele disse: "Na nossa época, quando um lançador se metia em problemas em um jogo, em vez de tirá-lo, nosso treinador o deixava lá e mandava que ele se livrasse do problema". Algumas vezes o problema não é tão grande como antecipamos, e ao lidar com ele diminuímos o seu tamanho.

Em uma entrevista, o autor sobre liderança e professor John Kotter contou que um dos seus alunos executivos lhe deu uma carta de duas páginas que seu CEO tinha enviado. A primeira parte dizia: "Estamos em uma confusão. Negação não ajuda. Eis aqui algumas estatísticas para mostrar isso".

A segunda parte dizia: "É útil olhar para a história. Há trinta anos, essa empresa estava em uma terrível situação. Olhe para nós, agora somos dez vezes maiores. A economia americana teve profundas recessões a cada vinte anos no século XIX. E aqui estamos — a mais poderosa nação na terra".

A terceira parte dizia: "Precisamos dar os braços e resolver isso, a começar por mim. Vou tentar ao máximo entender (1) como isso não nos prejudica e (2) como podemos encontrar oportunidades nisso. Porque há oportunidades".

A terceira parte dizia: "Eis o que vou fazer, e eis a ajuda de que preciso". O parágrafo final era esperançoso, porém não ingênuo.

A mim parece que o CEO estava fazendo o seu melhor para não subestimar e nem superestimar o problema que a empresa estava enfrentando, mas olhar par ele de forma realista e enfrentá-lo.

3. Não Espere que o Problema se Resolva por si Próprio

Isso nos traz à próxima lição que aprendi sobre problemas. Você não pode esperar que eles se resolvam por si próprios. A paciência é uma virtude na solução do problema se você estiver ao mesmo tempo fazendo tudo que puder para resolver a situação. Ela não é uma virtude se você estiver esperando que o problema se resolva por si próprio ou apenas desapareça.

Os problemas demandam atenção. Por quê? Porque, se deixados sozinhos, eles sempre pioram. Nina DiSesa, que dirigiu a agência de propagandas McCann Erickson no final dos anos 1990, observou: "Quando você enfrenta uma situação de reviravolta, pode seguramente presumir quatro coisas: a moral é baixa, o medo é alto, as pessoas boas estão a meio caminho da porta e os preguiçosos estão se escondendo". Essas coisas não melhoram sozinhas. Elas requerem solução intencional do problema e liderança ativa.

4. Não Agrave o Problema

Além de não se resolverem por si mesmos, os problemas podem se tornar mais difíceis dependendo da forma como respondemos a eles.

Uma das coisas que tenho falado aos membros da equipe há anos é que os problemas são como fogo, e cada pessoa carrega dois baldes. Um deles tem água, e o outro, gasolina. Quando enfrenta um problema, você pode usar o balde de água e tentar apagar o fogo. Ou pode derramar gasolina nele e fazê-lo explodir. Mesmo problema, dois resultados diferentes.

Tornar uma situação potencialmente volátil e torná-la pior é a única forma de agravar o problema. Podemos também piorar os problemas quando reagimos a ele de forma precária. Algumas das formas como podemos agir incluem:

- Perder a perspectiva
- Desistir das prioridades e valores importantes
- Perder nosso senso de humor
- Sentir pena de nós mesmos
- Culpar outras pessoas pela nossa situação

"Pensamento positivo é como abordamos um problema. Entusiasmo é como você se sente quanto ao problema. Os dois juntos determinam a sua atitude quanto ao problema."

– Norman Vincent Peale

Ao contrário, precisamos tentar permanecer positivos. O autor Norman Vincent Peale afirmou: "Pensamento positivo é como abordamos um problema. Entusiasmo é como você se sente quanto ao problema. Os dois juntos determinam a sua atitude quanto ao problema".

Faça isso...

Se quiser vencer os problemas e transformá-los em oportunidades para aprender com eles, então recomendo que faça o seguinte:

1. Antecipe o Problema

Dizem que o soco que o derruba não é necessariamente o pior, e sim aquele que você não espera. Uma vez li sobre um prisioneiro em Sidney, Austrália, que conseguiu fugir da cadeia. Ele se escondeu sob um caminhão de entregas que havia parado por pouco tempo no depósito da prisão. Ele se segurou desesperadamente enquanto o caminhão saía da prisão. Alguns momentos mais tarde, quando o caminhão finalmente parou, o prisioneiro soltou-se ao chão e rolou em direção à liberdade. Infelizmente ele descobriu que estava agora no jardim de outra prisão a oito quilômetros da primeira. Ele certamente não havia previsto isso. É claro que antecipar os problemas não significa ficar preocupado o tempo todo com tudo que poderia dar errado. Gosto da história do homem que foi acordado pela sua esposa. Ela pensou ter ouvido uma invasão no andar de baixo da sua casa. Ele levantou-se vagarosamente, desceu as escadas mal-humorado e viu-se encarando o cano de uma arma. O ladrão ordenou que ele entregasse todos os objetos de valor da casa, então começou a sair. O marido então perguntou. "Antes de ir", disse ele,"gostaria que você subisse para conhecer minha esposa. Ela vem esperando por você todas as noites há trinta anos".

2. Comunique o Problema

O ex-treinador de futebol americano Lou Holtz gracejou: "Não conte seus problemas às pessoas! Oitenta por cento delas não se importa e os outros vinte por cento são gratos por não ser com eles". Dou risada sempre que penso sobre essa afirmação, pois é quase toda correta. Por outro lado, se trabalhamos com outras pessoas, *precisamos* comunicar o problema às pessoas por ele afetadas. Nós devemos isso a elas. Além do mais, a solução costuma estar em receber ajuda de outra pessoa que esteja apta a nos ajudar a resolvê-lo.

Falta de comunicação e má comunicação não apenas nos impedem de resolver problemas como também podem gerar problemas. Bernd Pischetsrieder, ex-presidente da Volkswagen disse: "Sei que os principais conflitos que tenho vivenciado sempre têm uma causa: a falta de comunicação. Ou não

"Não conte seus problemas às pessoas! Oitenta por cento delas não se importa e os outros vinte por cento são gratos por não ser com eles."

– *Lou Holtz*

compreendi o que as outras pessoas queriam ou elas não entenderam o que eu queria. Esses conflitos foram causados pela falta de comunicação, e não apenas compreendendo mal as palavras de alguém, mas compreendendo mal as intenções da pessoa e o histórico através do qual alguém formou uma opinião".

Sempre que estou me preparando para comunicar um problema, tento primeiro reunir as informações e descobrir as experiências das pessoas e suas perspectivas. Esse processo me ajuda a compreender melhor o que está acontecendo e como as pessoas estão pensando. Algumas vezes descubro que o problema que temos não é como eu pensava. Ocasionalmente, descubro que o problema que me preocupava não era realmente um problema. Ou que as pessoas da equipe já estão resolvendo isso. Mas não importa qual seja, envolvendo família, amigos, empregador ou colegas, ao enfrentar os problemas é crucial que você reúna as informações e trabalhe em equipe.

3. Avalie o Problema
Eles dizem que você nunca deve abrir uma lata de minhocas a menos que esteja planejando sair para pescar. Com frequência tenho aberto a para sem primeiro pensar na situação. Teria sido melhor se eu tentasse avaliá-lo primeiro.

> Nunca abra uma lata de minhocas a menos que esteja planejando sair para pescar.

Como fazer isso? Primeiro, você precisa perguntar a si mesmo: *Qual é o problema?* Se alguém diz que a lua fica a centenas de milhas da Terra, e daí? Deixe para lá. A menos que você seja um cientista, não importa. Se alguém está prestes a comer um alimento envenenado, lide com isso imediatamente. Você precisa ajustar o tamanho e o peso do problema. Algumas vezes é difícil, especialmente para o tipo A de pessoa que se apressa em agir. Para impedir a mim mesmo de fazer isso, durante anos mantive um cartão em minha mesa com a pergunta: "Isso REALMENTE IMPORTA?" Isso me ajudava a manter a perspectiva quando um assunto era discutido.

A segunda pergunta a ser feita é: *Quem está envolvido?* Com frequência os problemas só são problemas devido às pessoas no meio deles.

Algumas são como Charlie Brown no clássico especial da televisão *Peanuts, O Natal de Charlie Brown*. Quando parece que ele não consegue entrar no espírito de Natal, Linus fala para ele: "Você é a única pessoa que conheço que consegue transformar o Natal em um problema".

Ao avaliar os problemas, tente manter a perspectiva, e sempre tenha em mente o final. Vi algo quando morei ao sul de Indiana que captura minha ideia de forma concisa. Foi um sinal na cerca de uma fazenda que dizia: "Se você cruzar esse campo, é melhor fazê-lo em 9.8 segundos. O boi consegue em 10 segundos".

4. Entenda o Problema
Entender o problema é contraintuitivo para muitas pessoas. A maioria das pessoas vê o problema como um perigo e tenta evitá-lo. Entretanto, se mantivermos a atitude correta e compreendermos o problema, não apenas trabalharemos melhor para resolvê-lo, mas também para aprender e crescer com ele. Os problemas sempre trazem oportunidades, e as oportunidades sempre trazem problemas. Os dois andam de mãos

dadas. Se podemos aprender e apreciar essa verdade, possuímos então uma vantagem real na vida.

Uma fantástica ilustração dos benefícios da adversidade pode ser vista na forma como uma águia enfrenta o desafio de ventos turbulentos.

• *Ventos turbulentos fazem a águia voar mais alto.* Há um tremendo poder elevador nas correntes termais dos ventos turbulentos. Essas correntes fazem com que a águia chegue às alturas enquanto sobe com elas.

• *Ventos turbulentos dão à águia uma visão mais ampla.* Quanto mais alto a águia voa, mais ampla será sua perspectiva da terra abaixo dela. Da sua posição elevada, a visão aguçada pode enxergar muito mais.

• *Ventos turbulentos levantam a água acima do perigo.* Em elevações mais baixas, a águia é constantemente ameaçada por corvos, falcões de rapina e outros pequenos pássaros. Ao alçar voos mais altos, ela deixa para trás todas as distrações.

• *Ventos turbulentos fazem com que a águia faça menos esforço.* As asas da águia são feitas para deslizar pelos ventos. A estrutura das penas reduz a turbulência e produz um voo relativamente suave com o mínimo de esforço — mesmo com os piores ventos.

• *Ventos turbulentos permitem que a águia fique no ar por mais tempo.* A águia usa os ventos para subir e deslizar por longos períodos de tempo. Nos ventos, a águia primeiro paira em longos círculos rasos para baixo e então em espirais para cima com uma corrente termal.

• *Ventos turbulentos ajudam a águia a voar mais rápido.* Normalmente, a águia voa a uma velocidade de 80 quilômetros por hora. Entretanto, quando ela desliza nas correntes dos ventos, a velocidade ultrapassa os 160 quilômetros por hora.[1]

Um problema não é realmente um problema a menos que você permita que ele seja um problema. O problema é, na verdade, uma oportunidade. Se você puder enxergar dessa forma, então cada vez que enfrentar um problema perceberá que está realmente enfrentando uma oportunidade. Ao menos é uma oportunidade para aprender. Mas poderia ser ainda mais se você insistir em resolvê-lo com a atitude certa.

Em 1960, quando John F. Kennedy era senador concorrendo para a presidência, ele fez um discurso bem-sucedido para uma multidão no Álamo, em Santo Antonio, Texas, local de uma histórica batalha em que um pequeno grupo de heróis americanos foi derrotado pelo exército

mexicano. Quando Kennedy terminou, queria sair rapidamente, então ele disse a Maury Mathers, um político local:
— Maury, vamos sair daqui. Onde fica a porta dos fundos?
— Senador — respondeu Maury —, se tivesse uma porta dos fundos para o Álamo, não haveria tantos heróis.[4]

Se você e eu quisermos extrair o benefício de cada problema, desafio e perda, precisamos parar de procurar a porta dos fundos e enfrentar a dificuldade com determinação para conseguir algo dela. Faça isso e você se tornará o herói da sua própria vida.

10

Experiências Ruins: A Perspectiva para o Aprendizado

Seria maravilhoso se a arma do incidente no aeroporto fosse o único erro estúpido que já cometi em minha vida. Infelizmente, não é o caso. Foi o pior deles, porém muitos outros incidentes têm ocorrido, tão estúpidos quanto.

Outro erro clássico ocorreu em 2000. Naquele tempo, eu estava trabalhando em meu livro *The 17 Indisputable Laws of Teamwork* (As 17 Leis Indiscutíveis do Trabalho em Equipe). Em torno de um mês antes do prazo final para a entrega do manuscrito, eu estava agendado para fazer uma turnê de palestras de duas semanas pela África. *Que oportunidade maravilhosa para terminar o livro,* pensei. E foi. Ainda consigo me lembrar da satisfação que senti em Victoria Falls, quando terminei o trabalho. Foi no mesmo dia que voltei para os Estados Unidos. Com grande senso de conclusão e realização, coloquei o manuscrito em minha pasta e fui para casa.

Quando cheguei aos Estados Unidos, meu genro Steve me buscou no aeroporto de Atlanta. Ele nos levaria de carro, direto a Highlands, na Carolina do Norte, pois Margaret e nossa filha Elizabeth, casada com Steve, nos aguardavam.

Após o longo voo, eu estava faminto. Então paramos para comprar comida mexicana a caminho de Atlanta, e dali partimos.

Enquanto Steve dirigia, me ajeitei no banco do passageiro para comer, mas deixei minha faca cair. Tentei pegá-la do chão, mas não consegui encontrar. "Steve, pare, por favor." pedi a ele. E Steve, que costumava fazer esse tipo de coisa para mim, estacionou para que eu pudesse procurar a faca. Desci do carro, comecei a olhar e mesmo assim não achei. Finalmente levantei minha pasta, que estava no chão ao meu lado, e lá estava a faca. Fantástico! Eu finalmente poderia comer! Entrei novamente no carro e prosseguimos.

Ah, Não!

Mais ou menos vinte minutos depois, após eu ter terminado de comer, olhei ao meu redor e perguntei: "Onde está minha pasta?" Foi então que me lembrei. Quando estava procurando a faca, tirei minha pasta do carro e coloquei no chão do acostamento. *E esqueci de colocar de volta no carro!*

Perder a pasta já seria ruim, mas você precisa saber que, quando escrevo, não uso computador. Escrevo tudo em um bloco usando uma caneta de quatro cores para as ilustrações e citações. Não existe *backup*. Apenas uma cópia, e essa cópia representa meses de trabalho.

Já havíamos rodado 36 quilômetros quando percebi o que havia feito. No momento que percebi, demos meia-volta. Enquanto voltávamos, eu já estava ligando para Linda, minha assistente. Ela morava a apenas oito quilômetros do local, e eu sabia que ela poderia chegar rápido, provavelmente antes de nós.

Após alguns minutos, o telefone tocou. Atendi com grande esperança, porém meu coração quase parou quando ela disse que a maleta já não estava mais no local onde eu havia deixado! Quando Steve e eu chegamos, lá estava Linda. E, é claro, no lugar certo, porém nem sinal da pasta. Fiquei enjoado.

Notamos que havia algumas lojas por perto, então fomos a cada uma delas e perguntamos se alguém havia encontrado e pasta e entregue para eles. Sem sorte. A pasta e o manuscrito haviam sumido!

Nos dias que se seguiram, fiquei sobrecarregado com tantas emoções:

- *Estupidez:* Pensei como alguém poderia ser esperto o suficiente para escrever um livro e burro o suficiente para deixá-lo na calçada.
- *Ansiedade:* Não havia esperanças de ver minha pasta novamente, então passei horas escrevendo o que podia lembrar. Após dois dias, cheguei à conclusão de que poderia reescrever o livro, o que levaria pelo menos seis meses. E por estar me sentindo emocionalmente abalado, achei que não seria tão bom quanto o original.
- *Frustração:* Aparentemente não seria possível atender ao prazo dado pela minha editora. Desperdicei meses do meu tempo. Se eu tivesse feito uma cópia. Mas não tinha.
- *Desespero:* Então comecei a duvidar de mim mesmo: *E se eu não conseguisse reescrever o livro?*, pensei.

Naquela hora, o poema "A Terra do Começar de Novo", de Louise Fletcher Tarkington, me veio à mente:

Eu queria que houvesse um lugar maravilhoso
Chamado Terra do Começar de Novo
Onde todos os nossos enganos e dores de cabeça,
E todos os nossos sofrimentos egoístas
Pudessem cair, como um velho casaco, deixado à porta,
E nunca mais ser vestido novamente.[1]

Enquanto eu me sentia desencorajado, Linda estava encorajada. Ela começou a ligar para as delegacias de polícia locais para saber se a maleta havia sido entregue a eles. No quarto dia, Linda achou o ouro. A maleta havia sido entregue. Melhor ainda, tudo estava intacto, inclusive o manuscrito. Todos nós ficamos alegres, o livro foi publicado e tudo ficou bem. Entretanto, até hoje, sempre que pego esse livro lembro-me da minha experiência ruim e das lições que aprendi com isso.

Colocando suas Perdas em Perspectiva

Obviamente, ninguém consegue se livrar de passar por más experiências. Mas a verdade é que as experiências negativas pelas quais passamos podem nos fazer bem, caso estejamos dispostos a permitir que isso aconteça. Da próxima vez que tiver uma experiência ruim, permita que ela o ajude da seguinte forma:

1. Aceite a sua Humanindade

Não importa o quanto tentemos, ou quão talentosos somos, não importa quão alto possam ser nossos padrões, nós falharemos. Por quê? Pois somos humanos. Ninguém é perfeito, e, quando vivemos experiências ruins, devemos permitir que sejam um lembrete de que precisamos aceitar nossas imperfeições.

Li um artigo de Larry Libby sobre o presidente George H. W. Bush que me lembrou de que todos passam por dias ruins, até mesmo o presidente. Libby escreveu:

Ele ansiava um momento deslumbrante único. Uma realização definitiva em uma carreira longa e histórica. Era a noite do jantar dos chefes de estado em Tóquio. Os shoguns do Japão sentaram-se ao redor da mesa que brilhava pela seda branca, utensílios de ouro e arranjos florais brilhantes. Alguns magnatas, homens de negócio também estavam presentes, silenciosamente permitindo que seu líder devolvesse todos os sorrisos condescendentes no rosto de seus anfitriões. A mídia mundial amontoada ao final do corredor, microfones abertos, câmeras gravando. O problema era que ele estava se sentindo um tanto estranho naquela manhã, a cabeça um tanto leve, um pouco frágil. Mas esse era um daqueles momentos em que o conforto pessoal deveria ser deixado de lado. Essas reuniões — esse jantar em particular — estava carregado de gigantescas implicações para os negócios americanos e para a economia mundial. Ele tinha que estar em sua melhor forma. Tinha simplesmente que passar a impressão de comando. Ele estava acabando de comer seu segundo prato — salmão cru com caviar — e agora olhava o terceiro duvidosamente — bife grelhado com molho de pimenta. Ele virou para a sua esquerda e acenou com a cabeça para o Primeiro Ministro Kiichi Miyzawa. Então vomitou no colo do Primeiro Ministro e caiu no chão. Enquanto sua esposa, os agentes de segurança e os médicos se ajoelhavam ao seu lado, ele gemeu: "Rolem-me para debaixo da mesa até que o jantar termine". Deitado naquele elegante tapete oriental, o presidente George Bush poderia estar pensando naquela gravação. Ele pode ter visualizado a CNN transmitindo a cena toda. Repetidas vezes. No horário nobre. Em câmera lenta. Colorido. E ele estava certo.

Pouco depois, quando o secretário de imprensa Marlin Fitzwater colocou-se em frente à mídia em massa do mundo ocidental, foi obrigado a dizer o que estava óbvio a todos.

"O presidente", entoou ele, "é um ser humano. O presidente fica gripado como qualquer outra pessoa".[2]

2. Aprenda a Rir de si Mesmo e da Vida

Descobri que se eu estiver disposto a enxergar o humor em minhas más experiências, nunca ficarei sem motivos para rir. A risada resolve as coisas? Talvez não. Mas ajuda. Rir é como mudar a fralda de um bebê — não resolve os problemas permanentemente, mas torna as coisas mais aceitáveis por um tempo.

> Rir é como mudar a fralda de um bebê — não resolve os problemas permanentemente, mas torna as coisas mais aceitáveis por um tempo.

Uma das minhas histórias favoritas relacionadas a experiências ruins é sobre o homem que enviou flores ao seu colega comerciante no dia da sua inauguração. Entretanto, o florista confundiu o pedido, e o comerciante recebeu uma coroa de funeral. Ela foi acompanhada de um cartão que dizia: "Minhas mais profundas condolências nesse momento de tristeza".

Quando o homem telefonou para o comerciante para felicitá-lo, seu amigo estava confuso: "Por que você me enviou flores de pêsames?" O homem que enviara as flores ligou para o florista exigindo uma explicação. "Sinto muito pela confusão", disse o florista obviamente transtornado, "mas espero que seja compreensivo. Sua situação não chega nem aos pés da casa funerária. Eles receberam *suas* flores acompanhadas do cartão que dizia: "Felicidades no seu novo local".

O presidente Abraham Lincoln, que governou os Estados Unidos em sua hora mais escura, era conhecido por encontrar meios de rir de si mesmo e das situações difíceis que enfrentava. De fato, ele era criticado por isso. Mas isso não o impediu. Dirigindo-se a um grupo de críticos ele disse: "Cavalheiros, por que vocês não riem? Com essa terrível tensão sobre mim dia e noite, se não der risada, eu morro".

Algumas vezes é difícil ver o humor durante uma experiência difícil. Sempre digo a mim mesmo: "Hoje isso não tem graça, mas amanhã pode ter". Foi o que aconteceu comigo quando levei a arma para o aeroporto. Naquele dia fiquei envergonhado e humilhado. Mas apenas alguns dias depois, pude ver o humor e o absurdo das minhas ações. Quão mais leve seria sua carga se você encontrasse formas de rir ao enfrentar más experiências?

3. Mantenha a Perspectiva Correta

Ao passar por uma experiência ruim, quais das frases a seguir mais demonstram sua forma de pensar?

- Eu nunca desejei desempenhar essa tarefa, então quem se importa?
- Eu sou um fracasso e minha vida acabou.
- Quero desistir e nunca mais tentar.
- Estou adquirindo experiência com meus erros; alguma ajuda seria bem-vinda.
- Já conheço três formas que não dão certo, então vou tentar novamente.

Sua resposta fala mais sobre a sua perspectiva do que sobre a sua má experiência. É por isso que as respostas às mesmas más experiências podem ser tão variadas.

O autor Denis Waitley afirma: "Os erros são dolorosos quando acontecem, porém após alguns anos a coletânea de erros é o que chamamos de experiência". Ver as dificuldades como experiência é uma questão de perspectiva. É semelhante à diferença entre entrar no oceano como uma criancinha e como um adulto. Quando se é pequeno, as

"Os erros são dolorosos quando acontecem, porém após alguns anos a coletânea de erros é o que chamamos de experiência."
– *Denis Waitley*

ondas parecem maiores e seu medo pode ser extraordinário. Como adulto, as mesmas ondas podem ser vistas como fonte de relaxamento e diversão.

Ao enfrentar as dificuldades, manter a perspectiva nem sempre é fácil, mas é algo pelo que vale a pena lutar. Ao trabalhar para manter o ponto de vista correto, tente manter essas três coisas em mente.

Não Fundamente sua Autovalorização em uma Experiência Ruim

Você não é a sua realização. E não precisa ser definido pelos seus piores momentos. Então não fundamente sua autoimagem nessas coisas. Ao contrário, tente compreender e aceitar seus valores como ser humano. Se falhar, nunca diga a si mesmo: "Sou um perdedor". Ao contrário, mantenha as coisas em perspectiva e diga: "Posso ter perdido essa, mas ainda estou bem. Ainda posso ser um vencedor!"

Não Sinta Pena de si Mesmo

Uma das piores coisas que você pode fazer para perder a perspectiva é sentir pena de si mesmo. Certo, se você teve uma experiência ruim, pode sentir pena de si mesmo por 24 horas; depois disso, recomponha-se e prossiga novamente. Se começar a mergulhar nisso, pode ficar preso.

O psiquiatra Frederic Flach, em seu livro *Resilience* [Resiliência] ressalta que os sobreviventes das experiências ruins não permitem que os negativos em suas vidas os definam, e eles não mergulham na autopiedade. Eles não acreditam que suas experiências negativas sejam a pior coisa do mundo. Ao contrário, eles pensam: *O que aconteceu comigo pode ter sido ruim, mas outras pessoas passam por situações piores. Não vou desistir.*

Se estiver lidando com as consequências de alguma experiência ruim, tente lembrar-se de que, se você ainda está respirando, poderia ter sido pior. Tente se concentrar no que pode tirar de bom dessa dificuldade. Devido à experiência adquirida, você pode até estar apto a ajudar outras pessoas que estejam passando por dificuldades semelhantes.

Considere suas Falhas como Processo de Aprendizado e Aperfeiçoamento

Ao cairmos ou passarmos por experiências ruins, precisamos aprender a pensar como os cientistas e inventores. Quando seu trabalho fracassa, eles chamam de experimento que não deu certo. Ou dizem que testaram uma hipótese. Ou dão o nome de coleta de dados. Eles mantêm a perspectiva, evitando levar para o lado pessoal, aprendem com isso e transformam em alavanca para o sucesso. Que forma impressionante de ver as coisas. O psicólogo Dr. Joyce Brothers afirmou: "A pessoa interessada no sucesso deve aprender a enxergar as falhas como saudáveis, uma parte inevitável do processo para chegar ao topo". Ou, em outras palavras, como disse o técnico de beisebol Casey Stengel: "Algumas vezes você vai perder, mas quando isso acontecer, perca da forma certa".

> "Algumas vezes você vai perder, mas quando isso acontecer, perca da forma certa."
> – Casey Stengel

4. Não Desista

O nadador Eric Shanteau referiu-se às Olimpíadas Americanas de Natação de 2004 como "a experiência mais devastadora da minha vida". Essa é uma afirmação e tanto, considerando que Shanteau foi diagnosticado com câncer em 2008. O que poderia fazer daquela olimpíada uma experiência tão difícil? Ele terminou em terceiro lugar — e apenas os primeiros dois colocados entraram para o time olímpico. Na verdade, isso aconteceu duas vezes durante aqueles jogos. Ele perdeu o segundo lugar no medley individual dos 400 metros por 0.99 segundos e no medley individual dos 200 metros por 0.34 segundos. Shanteau lembra:

> A reação inicial foi raiva. Lembro de descer o deck muito frustrado. Ver o objetivo de uma vida escorrer pelos seus dedos nos últimos cinco metros é brutal. Foi muito, muito difícil. Durante as sete semanas seguintes, eu não quis saber do esporte. É melhor chegar em último do que em terceiro nas provas.[3]

Ele pode ter desejado desistir, mas não o fez. Nos quatro anos seguintes, voltou a treinar. Sua recompensa em 2008 foi entrar para o time nos 200 metros nado peito. Embora não tenha ganho a medalha em Pequim, foi sua melhor performance. Ele continuou treinando e voltou novamente às olimpíadas de Londres em 2012. Ganhou a medalha de ouro para o time nos 4x100 metros do nado medley estilo peito.

O que Shanteau sabe sobre más experiências que a maioria das pessoas não sabe? Ele sabe que:

- O fracasso é o preço da busca de novos desafios.
- Noventa por cento dos que fracassam não são realmente derrotados; eles apenas desistem.

- Existem dois tipos de pessoas quando se trata de revés: os que desmoronam, chegam ao fundo e lá permanecem; e os saltadores, que chegam ao fundo, se recompõe e voltam.
- O sucesso está no esforço; a falha está em nunca ter tentado.
- As pessoas que têm por hábito inventar desculpas são as que mais falham.

Se quiser ser bem-sucedido na vida, você não pode desistir.

O autor e palestrante Og Mandino, cujo trabalho em muito me influenciou disse: "Sempre que cometer um erro ou for derrubado pela vida, não olhe para trás por muito tempo. Sua capacidade de erros ocasionais é inseparável da sua capacidade de atingir seus objetivos. Ninguém vence todas, e suas falhas, quando acontecem, são apenas parte do seu crescimento. Livre-se dos seus erros. Como você poderá conhecer seus limites sem as falhas ocasionais?" Ele prossegue dizendo: "Sua vez chegará". Que conselho excelente!

5. Não Permita que suas Experiências Ruins se Tornem Experiências Piores

No tempo em que o único modo de assistir aos esportes era pela televisão aberta (a menos que fosse ao estádio), o programa principal nos Estados Unidos era *ABC's Wide World of Sports*. Por três décadas e meia, o show tinha início com várias imagens de esportes e o narrador dizendo: "Rodando o globo para trazer até você a incessante variedade de esportes... a emoção da vitória... a agonia da derrota". Para ilustrar a última parte, ele sempre mostrava um saltador de ski descendo a rampa, e então repentinamente saindo do curso, girando, batendo contra a estrutura de apoio, e então caindo no chão. Parecia uma queda horrível.

O que a maioria das pessoas não sabia era que a queda daquele esquiador não era um acidente. Ele *escolheu* cair em vez de finalizar o pulo. Como atleta experiente, ele percebeu que a rampa estava ficando congelada, e ele estava ganhando tanta velocidade que, se completasse o salto, provavelmente ele cairia muito além do perímetro de segurança, o que poderia tê-lo matado. Então, em vez disso, ele mudou a direção. O que parecia um acidente catastrófico na verdade resultou em nada mais do que uma enxaqueca, enquanto o que parecia um grande salto poderia ter sido fatal.

A lição a ser aprendida é que, pior do que uma experiência ruim é permitir que a experiência ruim se torne ainda pior — se você tiver o poder para impedi-la. Como reconhecer quando uma experiência está de mal a pior? Ao aprender com as experiências anteriores usando a habilidade do pensamento crítico.

Experiências Ruins: A Perspectiva para o Aprendizado

Se estiver vivendo alguma experiência ruim, uma das primeiras coisas que você deveria tentar fazer é determinar se a má experiência é resultado da ignorância ou estupidez. Ignorância significa que você não possuía o conhecimento necessário para fazer a coisa certa. A pessoa mal pode ser culpada por isso. Estupidez é o resultado do conhecimento do que fazer, mas não agir de acordo com esse conhecimento.

Más Experiências Baseadas na Ignorância	Más Experiências Baseadas na Estupidez
"Eu não sabia, então fiz."	"Eu sabia, mas fiz assim mesmo."
"Eu não sabia, então não fiz."	"Eu sabia, mas ainda assim não fiz."

As más experiências baseadas em nossa ignorância requerem aprendizado. Se você possui o espírito ensinável, como discutimos no capítulo 7, não apenas pode impedir que uma experiência ruim se torne ainda pior, como também torná-la melhor. Por outro lado, as más experiências baseadas na estupidez costumam ser provenientes da falta de disciplina e de escolhas errôneas. Isso requer não apenas ensinabilidade, como também mudança de comportamento. Se você não fizer essas mudanças, as más experiências continuarão acontecendo e piorando.

6. Deixe que a Má Experiência o Leve a uma Boa Experiência

Todos podem se relacionar com más experiências na vida. Mas nem todos trabalham para transformar as más experiências em boas. Isso é possível apenas quando transformamos em boas as nossas más experiências. Você precisa se lembrar de que as más experiências só são más se não aprendemos com elas. E as boas experiências são quase sempre resultado das más experiências passadas.

Há anos venho colecionando canetas. Talvez esse seja o motivo pelo qual realmente eu uso a caneta, não o computador, quando escrevo. Em minha busca por canetas interessantes, li uma história interessante sobre um jovem agente de seguros que há muito tempo vinha trabalhando para conseguir um novo cliente. Finalmente, ele foi bem-sucedido e convenceu o homem a adquirir uma grande apólice.

O agente chegou ao escritório do cliente em potencial com o contrato pronto para assinatura. Ele o colocou na mesa do homem e sobre ele uma caneta tinteiro. Mas ao remover a tampa da caneta, ela vazou em cima do contrato, arruinando-o.

O agente preparou outro contrato o mais rápido que pôde, mas quando retornou, a janela da oportunidade havia se fechado. O provável cliente havia mudado de ideia e não quis mais assinar o contrato. O jovem ficou tão decepcionado com a caneta e o problema que ela havia causado que dedicou seu tempo para desenvolver uma caneta tinteiro confiável. Esse jovem era Lewis E. Waterman, e sua empresa está no mercado há 120 anos.

Ele não apenas transformou uma experiência ruim em boa, como também criou um respeitável e lucrativo negócio a partir dela.

Iniciei este capítulo com a história da minha má experiência perdendo minha pasta e o manuscrito dentro dela. Como melhorei essa experiência? Naquele dia decidi fazer uma cópia de tudo que escrevo. Também aprendi a entregar tudo que crio nas mãos de Linda, minha assistente, assim que termino, quer seja um capítulo ou um livro ou um discurso. E *nunca* carrego comigo um manuscrito em minha maleta.

Será que no futuro perderei meus manuscritos? Provavelmente. É que não sou muito cuidadoso. Será minha única cópia quando perdê-lo? Nunca! Essa é a perspectiva que ganhei daquela má experiência.

Sua Má Experiência Foi seu Trampolim

Ao enfrentar más experiências, é importante lembrar-se que você raramente pode enxergar os benefícios enquanto em meio aos problemas. Costumamos ganhar perspectiva do outro lado dela. Esse certamente foi o caso de Giuseppe, que recebeu esse nome de seu pai, um imigrante vindo da Itália, estabelecido na Califórnia.

Por morarem na América, a família o chamava de Joe. Mas seu pai tinha seu próprio apelido para ele: Imprestável. Por que o velho Giuseppe o chamava assim? Porque Joe detestava pescar. Isso era visto como uma coisa terrível pelo pai, porque ele era um pescador. Ele amava o negócio da pesca, e também todos os seus outros filhos — exceto o imprestável Joe. O rapaz não gostava de andar no barco, e o cheiro de peixe o deixava enjoado.

O rapaz se ofereceu para trabalhar no escritório ou consertando as redes, mas seu pai simplesmente estava aborrecido com ele e dizia que não servia para nada. O rapaz, que não tinha medo de trabalhar, entregava jornais e engraxava sapatos, dando dinheiro para a família, porém, uma vez que não estava pescando, o velho Giuseppe não via valor nele.

O jovem Joe odiava pescar, mas amava beisebol. Seu irmão mais velho costumava jogar bola em um campo de areia, e Joe costumava segui-lo. E ele era bom — como uma lenda entre seus colegas de time. Quando Joe tinha 16 anos, decidiu sair da escola para tornar-se jogador de beisebol. Quando parou de jogar, ele era uma lenda. Ele foi batizado com Giuseppe, mas a nação veio a conhecê-lo como Joe DiMaggio, conhecido como o mais completo jogador da história.

E seu pai, o velho Giuseppe, o que pensava sobre isso? Embora quisesse todos os seus filhos no negócio da família, estava finalmente orgulhoso do seu filho e respeitava suas realizações. Como não poderia? Joe transformou as más experiências em ótimas experiências através da perspectiva do aprendizado.

11

Mudança: O Preço do Aprendizado

Se você cresceu em qualquer época entre os anos de 1950 e 1990, provavelmente se lembra das câmeras Polaroid. Na atual era da fotografia digital, pode ser difícil para algumas pessoas compreenderem a importância das máquinas fotográficas, mas naquela época elas eram revolucionárias. Para fornecer alguma perspectiva, no início da história fotográfica durante os anos 1800, apenas pessoas com câmeras caras, salas escuras, compostos químicos e habilidades técnicas específicas podiam produzir fotografias.

Então, em 1888, a Kodak desenvolveu inovações em câmeras e filmes que colocavam a fotografia ao alcance de quase todas as pessoas. "Você aperta o botão, nós fazemos o resto" era seu slogan. A boa notícia era que qualquer um poderia ser um fotógrafo; a má notícia era que ele teria que enviar sua câmera pelo correio com o filme utilizado para ser revelado, e então esperar dias ou semanas para receber suas fotografias. Mesmo em pleno século XX, quando o filme foi criado para que qualquer pessoa pudesse armazenar e remover da própria câmera, a fim de que visse as fotos que havia tirado, era um exercício de paciência.

A Inovação Vem da Mudança

Edwin Land mudou tudo. Land, o filho de um negociante de sucata, nasceu em 1909. Quando menino, ele ficou fascinado pela física da luz após a ler o livro *Physical Optics* [Ótica Física], de Robert W. Wood, um dos poucos livros em sua casa. Ele foi aceito em Harvard e frequentou a universidade por algum tempo, mas desistiu para fazer experimentos em um laboratório caseiro em seu apartamento em Nova York.

Land recebeu o prêmio pela sua primeira patente em 1929, após ter desenvolvido um processo de polarização que poderia ser usado comercialmente. Aquele primeiro trabalho por fim levou aos óculos de sol com lentes redutoras de brilho, os óculos para os pilotos militares, sistemas de filtros para fotografias e o primeiro filme em 3D. Land iniciou sua empresa em 1973, com a ajuda de um investidor. Em 1940, ela recebeu o nome de Polaroid Corporation. Durante a Segunda Guerra Mundial, a empresa fez fortuna. Mas Land ficou mais conhecido pela habilidade de "Inventar por demanda". Um general da força aérea pediu o conselho de Land para um problema com as miras das armas. Um dos amigos de Land conta: "A resposta de Land foi que ele iria para Washington no dia seguinte para descrever a solução. O general disse: 'Ah, então você tem a solução?' Land respondeu: 'Não, mas terei uma até lá'. E ele teve".[1]

Dizem que essa habilidade e inovar deu à luz a ideia da foto instantânea. Um dia, em 1943, enquanto estava de férias, Land tirava fotos de sua filha, quando ela perguntou: "Por que eu não posso ver a foto agora?"[2] Com a genialidade de Land para resolver problemas e inventar coisas, seu cérebro começou a funcionar. Ele começou a pensar em como criar uma câmera e filme que pudessem produzir um papel fotográfico no próprio local. Christopher Bonanos, autor de *Instant: The Story of Polaroid* [Instante: A História da Polaroid], escreve: "Tudo que ele aprendeu em seus trabalhos anteriores — sobre filtros, sobre fazer minúsculos cristais e filmes finos, sobre ótica, até mesmo sobre fabricação e terceirização — veio à tona".[3] Mais tarde Land disse que conseguiu entender os detalhes do sistema em algumas horas, "exceto", disse ele, "pelos que demorou de 1943 a 1972 para resolver".[4]

A câmera de Land, fabricada pela Polaroid, foi a primeira a ser vendida ao público em novembro de 1948. Ela produzia uma fotografia em tom de sépia em aproximadamente 60 segundos. Naquele tempo, foi uma inovação tecnológica surpreendente. A pergunta era: Será que alguém iria comprá-la? Os amigos de Land acreditavam que ele era muito otimista quando intentou vender 50.000 câmeras por ano. Mas Land estava certo. As pessoas amaram. No seu lançamento, todo o estoque foi vendido em algumas horas. Em 1953, a Polaroid havia vendido 900.000 unidades.[5]

Nas próximas duas décadas, a Polaroid continuou a mudar e inovar. Eles retiraram o filme de sépia e desenvolveram outro preto e branco, que afirmaram ter sido a tarefa mais difícil já realizada pela empresa. Eles recrutaram o legendário fotógrafo Ansel Adams como consultor e usuário de câmera. Sempre que enfrentavam um problema técnico tal como fotografias que desbotavam, eles resolviam. E desenvolveram uma forma de criar fotografias instantâneas coloridas. Eles aprenderam com seus erros e continuaram melhorando. A Polaroid foi fundamentada na mudança. Eles gastaram somas extraordinárias em pesquisa e desenvolvimento, criando novos produtos e processos. E suas primeiras câmeras mostraram designs elegantes, com frequência trabalho de artistas industriais. Eles continuaram inovando. Nos anos 70, os fotógrafos tiravam *um bilhão* de fotografias Polaroid por ano.[6]

O Fim da Inovação

Em meados dos anos 70, a Polaroid entrou em disputa com a Kodak, que introduziu uma câmera instantânea que Land acreditava infringir as patentes da Polaroid. A batalha durou mais de quatorze anos e não foi resolvida até 1990. Mas nessa época Land já estava aposentado (1980). E a Polaroid estava passando por sérios problemas. As pessoas não estavam mais comprando seus produtos. Bonanos escreve:

> Pergunte às pessoas da Polaroid quando as coisas começaram a dar errado — foi nos anos de 1980? Antes? Depois? — e todos têm uma resposta diferente. Um culpa engenheiros inflexíveis, outros, erros financeiros... No entanto, o que está claro é que o declínio começou de forma imperceptível. Em 1978, a Polaroid tinha mais de 20.000 empregados... Em 1991... 5.000... Uma década depois, mesmo recebendo aquele imenso lucro [quase 1 bilhão do acordo da Kodak], a Polaroid faliu.[7]

De fato, entre 2001 e 2009, a Polaroid declarou falência duas vezes e foi vendida três vezes.

O que aconteceu? A empresa que havia sido fundada com base na inovação e orgulhava-se da mudança parou de pagar o preço do aprendizado. Onde seus melhores pensadores passavam seu tempo criando soluções inovadoras para os problemas e introduzindo produtos revolucionários que nem o público sabia que queria — mas amava —, a nova ênfase estava em reintroduzir antigos produtos com pequenas mudanças cosméticas. A empresa sob o comando de Edwin Land havia colocado seus melhores recursos em pesquisas e desenvolvimento enquanto terceirizava a fabricação, mas então mudou seu foco para a produção a fim de cortar custos. Os dias de inovação e mudança haviam terminado — bem no momento quando a fotografia experimentava sua mais rápida mudança.

Ironicamente, a Polaroid tinha uma chance de introduzir uma câmera digital. A ideia era que o líder em fotografia instantânea se tornasse o líder em imagem instantânea, mas eles abandonaram o projeto, pois não incluía sua fonte de receita regular da venda de filmes.[8] Eles também ocupavam a posição de pioneiros da tecnologia jato de tinta. Mas quando o gerenciamento superior decidiu que a qualidade da tecnologia "nunca seria fotográfica", encerraram o projeto.

Se Land ainda estivesse liderando a empresa, ele provavelmente teria continuado a lutar por uma solução, pagando o preço para *inventar* uma forma de elevar o padrão de qualidade. Foi o que sempre fez no passado. Mas sob a nova liderança, a Polaroid vagarosamente perdeu a cor. É o que acontece quando as pessoas não pagam o preço do aprendizado ao estarem dispostas a mudar.

Por que as Pessoas Resistem à Mudança

A mudança não é aceita pela maioria das pessoas. Costumava pensar que os líderes adoravam as mudanças e que todas as outras pessoas não. Agora, após décadas de ensino e investimento nos líderes, percebi que os líderes resistem às mudanças tanto quanto os seguidores — a menos que a mudança seja ideia deles! A verdade é que quase todos resistem às mudanças. Por quê? Porque...

A Mudança Pode Parecer uma Perda Pessoal

O pioneiro do rádio George V. Denny Jr. contou certa vez a história de um repórter de um jornal de Nova York enviado ao Maine para entrevistar um senhor idoso, prestes a completar 100 anos. O repórter disse-lhe educadamente: "O senhor deve ter acompanhado muitas mudanças ao longo dos seus 100 anos".

O ancião respondeu: "Sim, e fui contra todas elas!"

O novelista André Gide observou: "Não se pode descobrir novas terras sem intencionalmente perder a costa de vista por muito tempo". Essa perda pode ser muito assustadora, e algumas vezes, pode parecer uma perda pessoal. Isso nos faz pensar se o ancião de Maine tomava as mudanças pelas quais passava como uma afronta! Mas a verdade é que essa difícil mudança *parece* pessoal, mas não é. O mundo continua mudando e isso afeta a todos, quer gostem, quer não.

> "Não se pode descobrir novas terras sem intencionalmente perder a costa de vista por muito tempo."
> – *André Gide*

O poeta e filósofo Ralph Waldo Emerson tem uma visão sobre isso. Ele observou: "Para todo ganho existe uma perda". Todos nós gostamos de ganhar, mas não de perder. Queremos ter um sem o outro. Mas a vida não é assim. Todo início finaliza alguma coisa. Todos os finais dão início a algo novo. Estamos continuamente efetuando trocas na vida. Infelizmente, se resistir à mudança, você estará trocando seu potencial de crescimento por conforto. Sem mudança, sem crescimento.

> Sem mudança, sem crescimento.

A Mudança nos Causa Estranheza

A mudança é sempre diferente. Por não ser familiar, ela com frequência não parece ser correta. Deixe-me dar um exemplo. Pare um pouco agora e junte suas mãos com seus dedos entrelaçados. Isso provavelmente parece confortável. Por quê? Porque você naturalmente une suas mãos de um jeito, com um polegar sobre o outro. Agora feche suas mãos ao contrário, mudando a posição dos seus polegares e movendo seus dedos para cima do dedo lado. Qual a sensação? Provavelmente desconfortável. Você nunca une suas mãos dessa forma.

É errado fechar suas mãos dessa forma? Não. É uma forma inferior de unir as mãos? Não, É apenas diferente. E diferente parece estranho. Mas você pode se acostumar a isso. Não acredita? Todos os dias durante as próximas semanas, junte suas mãos na forma oposta a que esta acostumado. Ao final, isso parecerá tão confortável quanto seu jeito de costume.

Vivenciei essa experiência como jogador de golfe, pois aprendi sozinho. Uma vez que não tive aulas, fiquei preocupado se estava desenvolvendo maus hábitos. Quando finalmente contratei um professor de golfe, ele disse: "Você só tem um problema". Fiquei aliviado por um momento. Então ele disse qual era: "Você fica muito perto da bola após dar a tacada!"

Melhorar significava que eu teria que mudar tudo: a forma como pegar no taco, minha posição, postura e balanço. Tudo sobre essa mudança parecia estranho. E o pior era que eu não conseguia ver melhora imediata. Em alguns momentos, quando sob pressão, eu voltava à minha antiga forma de jogar. Eu mês sentia seguro, mesmo sabendo que era errado. Eu desejava o mau que conhecia em vez do bom que não dominava. Precisei vencer a estranheza e melhorar meu jogo, e após anos de luta eu finalmente consegui.

A Mudança Vai de Encontro à Tradição

Quando recebi meu primeiro posto de liderança em uma organização, não consigo contar quantas vezes ouvi a frase "Nunca fizemos isso dessa forma". Parecia que cada vez que queria aprimorar algo, eu ouvia alguém exaltando as virtudes sobre a resistência às mudanças. Isso era muito frustrante, especialmente quando a pessoa que estava resistindo não dizia o *motivo* por que aquilo sempre havia sido feito da mesma forma.

Segundo citação das palavras do Duque de Cambridge, "Qualquer mudança em qualquer tempo deve ser deplorada". Por que ele diria algo assim? Provavelmente porque valorizava a tradição. E não há nada errado com a tradição, contanto que a pessoa não se torne escrava dela. A pessoa que insiste em usar os métodos antigos no mundo de hoje não estará nos negócios de amanhã. Algumas pessoas acreditam que nada jamais deveria ser feito até que todos estejam convencidos do que precisa ser feito. O problema é que leva tanto tempo para convencê-los de que, quando finalmente concordam com ela, já é tempo de fazer outra coisa. Não admira que algumas pessoas acreditem que o progresso significa andar para trás vagarosamente. Elas dão vida à velha charada: Quantos tradicionalistas são necessários para trocar uma lâmpada? Resposta: Quatro. Um para instalar a lâmpada nova e três para contar como a antiga era maravilhosa.

> A pessoa que insiste em usar os métodos antigos no mundo de hoje não estará nos negócios de amanhã.

Como as Pessoas Respondem à Mudança

Por não gostarem da mudança, a maioria das pessoas não reage muito bem a elas. E sua resposta lhes causa ainda mais problemas. Eis o que quero dizer:

A Maioria das Pessoas Muda apenas o Suficiente para se Livrar dos Problemas, não o Suficiente para Resolvê-los

Durante muitos anos, aconselhei e fui mentor de muitas pessoas, e cheguei à conclusão de que muitas pessoas são como a Lucy dos quadrinhos *Peanuts*. Em um episódio, ela diz:

— Rapaz, eu estou ranzinza.

Seu irmão mais novo, Linus, responde:

— Talvez eu possa ajudar. Por que você não senta no meu lugar aqui em frente à televisão enquanto eu arrumo algo para você comer? Algumas vezes precisamos de um pouco de mimo para nos sentirmos melhor.

Linus retorna com um sanduíche, alguns biscoitos e um copo de leite. Ele diz:

— Posso lhe oferecer mais alguma coisa? Deixei de pensar em algo?

— Sim, existe algo que você não pensou — responde Lucy. — Tirar a bandeja. Eu não quero me sentir melhor!

A maioria das pessoas prefere mudar as circunstâncias para melhorar suas vidas quando o que realmente precisam é mudar a si mesmas para melhorar as circunstâncias. Elas empregam esforço suficiente apenas para se distanciarem-se dos seus problemas sem ao menos tentarem chegar à raiz deles, que podem com frequência ser encontradas dentro delas mesmas. Por não tentarem mudar a fonte dos seus problemas, estes continuam sendo recorrentes.

A mudança positiva e a vontade de aprender são responsabilidades pessoais. Concordo com meu amigo Júlio Melara, que diz: "Se a sua carreira, casamento, trabalho e vida precisam melhorar, você precisa mudar. Diante do espelho você vê a mudança e a solução. Tudo começa com a sua decisão. As pessoas que alcançam seu potencial sem importar sua origem ou profissão pensam em termos de melhora".

> A maioria das pessoas prefere mudar as circunstâncias para melhorar suas vidas quando o que realmente precisam é mudar a si mesmas para melhorar as circunstâncias.

Se quiser melhorar, você precisa estar disposto a mudar.

A Maioria das Pessoas Faz as Mesmas Coisas da Mesma Forma, e Ainda Espera Resultados Diferentes

Uma carta foi devolvida ao correio. No envelope, as seguintes palavras estavam escritas: "Ele está morto". Após uma revisão, a carta foi novamente enviada para o mesmo endereço. Ela retornou novamente, com a seguinte nota: "Ele ainda está morto". Com frequência somos como o funcionário do correio, reenviando aquela carta esperando resultados diferentes.

Sempre que tentamos algo sem sucesso, por que continuar tentando a mesma coisa esperando resultados diferentes? Não faz sentido. O que esperamos que mude? Nossa sorte? As leis da física? Como nossa vida pode melhorar se não mudamos? Como podemos nos tornar melhores se não nos expomos às situações crescentes e às pessoas?

Nossa vida é como uma viagem que planejamos fazer a uma cidade distante. Estabelecemos o destino, mapeamos nossa rota e começamos a dirigir. Mas deveríamos saber que existem obstáculos e desvios à frente. Nós os ignoramos e fingimos que não existem? Quão bem-sucedidos seremos se pensarmos: *Os obstáculos e condições precisam ser ajustados a mim, pois não vou mudar?* Não muito. Precisamos estar dispostos a fazer os ajustes necessários.

Muitas dentre as maiores descobertas foram feitas quando nos dispusemos a sair da estrada principal, ao tentarmos coisas que nunca havíamos tentado. Brian Tracy, em seu audiolivro *The Psychology of*

> "Para crescer, você precisa estar disposto a permitir que seu presente e futuro sejam totalmente diferentes do seu passado. Sua história não é seu destino."
>
> – Alan Cohen

Achievement [A Psicologia da Realização], conta a história de quatro homens que aos 35 anos foram muito bem-sucedidos. Em média, cada um esteve envolvido em dezessete empreendimentos antes de encontrarem os negócios definitivos. Se eles tivessem iniciado seu primeiro negócio e dito "não vou desistir desse negócio de forma alguma", teriam ficado presos. A tenacidade é uma qualidade fantástica. Mas a tenacidade sem a disposição para mudar e fazer os ajustes necessários torna-se um dogma e conduz a becos sem saída.

O empreendedor Alan Cohen disse: "Para crescer, você precisa estar disposto a permitir que seu presente e futuro sejam totalmente diferentes do seu passado. Sua história não é seu destino". Essa decisão demonstra flexibilidade da mente e a disposição para a mudança, que são o preço do aprendizado.

A Maioria das Pessoas Enxerga a Mudança como uma Necessidade Dolorosa em vez de uma Oportunidade Útil

Enfrentemos o fato: a mudança é complicada. Peter Ducker, *expert* em gerenciamento, observou: "Como todo executivo aprende, nada novo é fácil. Sempre dá problemas". Essa dificuldade e sensação de problema impede que muitas pessoas mudem. Mas a vida é mudança. Nascer foi doloroso. Aprender a comer foi bagunçado. Aprender a andar foi difícil e doloroso. Na verdade, a maioria das coisas que você precisa aprender para viver deu muito trabalho. Mas como não sabia, você fez o que foi necessário para aprender e crescer. Agora que é adulto, pode escolher. Você quer evitar a dor ou suportá-la e perseguir a oportunidade?

O *expert* em liderança Maz De Pree usa a frase "o presente da mudança". Que ótima forma de pensar nisso. Infelizmente, a maioria das pessoas não vê a mudança como uma oportunidade de caminhar a uma direção positiva, fazer melhorias em si mesmo, abandonar os antigos e negativos hábitos e maneiras de pensar. A mudança permite que você examine seus pressupostos, repense suas estratégias e construa seus relacionamentos. Sem mudança não há inovação, criatividade ou melhoria. Se estiver disposto e apto a iniciar a mudança, você terá uma oportunidade melhor para administrar a mudança que é inevitável a todos nessa vida.

Mudança: O Preço do Aprendizado

A Maioria das Pessoas não Pagará o Preço Imediato para Mudar e Terminará Pagando o Preço Final por não Ter Mudado

Sempre que eu enfrentava uma decisão que requeria disciplina, meu pai costumava me dizer: "John, pague o preço agora para você poder brincar". Essa lição foi tema constante em minha vida enquanto crescia. Por quê? Porque eu sempre queria brincar! Estava em minha natureza. Mas meu pai continuava me dizendo: "Você pode brincar agora e pagar depois, ou pode pagar agora e brincar depois. Mas não se engane: você vai pagar. E quanto mais esperar, mais caro vai pagar, porque o atraso no pagamento gera juros".

A mudança sempre requer algo de nós. Precisamos pagar o preço por ela. Na verdade, mudança constante e melhora requerem pagamento contínuo. Porém o processo tem início após a *primeira* parcela. Essa primeira parcela dá início ao processo de crescimento. Se a primeira parcela permanece sem pagamento, não ocorre crescimento nem aprendizado. E que preço você terá que pagar ao final? Você perde potencial e ganha arrependimento.

Enquanto eu crescia, percebi que a maioria dos nossos arrependimentos não serão resultado do que fizemos. Eles serão resultado do que deveríamos ou poderíamos ter feito, mas não fizemos. O preço final a ser pago é chamado perda de oportunidade, e esse é um alto preço.

A Maioria das Pessoas Muda apenas ao Enfrentar uma dessas Três Situações

Ao final, porque as pessoas são tão resistentes a ela, a mudança ocorre apenas sob certas circunstâncias. Em minha experiência, as pessoas mudam quando:

- Estão tão *magoadas* que são *obrigadas* a mudar.
- *Aprendem* o suficiente para *quererem* mudar.
- *Aceitam* o suficiente para estarem *dispostas* a mudar.

A menos que uma dessas coisas aconteça, as pessoas não mudam. Algumas vezes é necessário que as três aconteçam antes que ela fique disposta a mudar.

Há muitos anos, minha editora sugeriu que eu começasse a usar a mídia social para me conectar às pessoas. Não tenho uma veia tecnológica; assim, a ideia simplesmente não ressoou em mim. Mas eles insistiram, e por fim comecei a falar sobre o assunto com minha equipe. Mas honestamente, ainda não entendi. Então, certa noite eu estava jantando com meu amigo Norwood Daavis, que trabalha para a minha empresa como CEO, e mencionei o Twitter para ele e que não conseguia entender a sua finalidade.

"Deixe-me mostrar para você." Nordwood twitou que estava jantando comigo. Em questão de minutos, Nordwood recebeu dezenas de repostas e mensagens diretas. Então finalmente entendi. O Twitter era a forma de conectar-se com as pessoas e comunicar-se com elas quase que instantaneamente.

Eu havia finalmente aprendido o suficiente para querer mudar. Mas porque não sou técnico, ainda precisava receber o suficiente para estar apto a mudar. Consegui isso com a ajuda de Stephanie Wetzel.

Ela criou uma conta no Twitter para mim, me colocou no Facebook e fez o meu blog. Agora estou apto a adicionar valor a mais de meio milhão de pessoas a qualquer hora, e em qualquer dia da semana.

E pense nisso: tenho mais de 65 anos, não sou técnico e ainda assim posso entrar na idade média da eletrônica. Essa é a prova de que *qualquer pessoa* pode mudar se realmente quiser.

A Mudança Raramente É Instantânea

Enquanto escrevo esse capítulo, estou em Joanesburgo, África do Sul. Há apenas alguns minutos, meu amigo Collins Sewell, dono de uma revendedora Ford no Texas, me enviou a seguinte mensagem de texto, baseada em uma citação de Mark Batterson: "Você e eu estamos a apenas uma decisão definitiva de uma vida totalmente diferente". Acredito que a decisão definitiva seja a disposição para mudar.

"Você e eu estamos a apenas uma decisão definitiva de uma vida totalmente diferente."
– Mark Batterson

A decisão para mudar — e continuar mudando — é mais do que um simples ato de vontade. É um processo, que precisava ter início e então ser administrado. O processo e o progresso não têm a mesma taxa para todos. Mas há certas similaridades no processo para todos, e elas costumam seguir o padrão abaixo:

- *Nova Informação Aceita*. O processo geralmente não tem início até que algum tipo de informação seja aprendida e aceita. Isso muda a perspectiva das pessoas para que elas passem a enxergar as coisas de uma forma nova.
- *Uma nova atitude é adotada*. Quando uma pessoa é desafiada e então muda, há sempre uma reação emocional. Esse é um momento crítico. Se a atitude da pessoa for boa, ela poderá passar para a

próxima fase. Caso contrário, ele ou ela pode lutar para superar os obstáculos.
- *Um novo comportamento é praticado.* Quando as pessoas acreditam em alguma coisa e se sentem bem com ela, começam então a agir diferente. Elas começam a fazer escolhas diferentes, tomar atitudes e desenvolver novos hábitos.
- *Novas convicções influenciam outras pessoas.* Quando as pessoas mudam, elas desenvolvem novas convicções. Quando as pessoas que estão mudando são líderes, elas influenciam outras pessoas através do seu investimento e propriedade em sua nova visão.

Como líder, acho essa etapa final do processo mais empolgante porque pode ser o início de coisas maravilhosas em uma equipe ou organização. Ela pode estabelecer novas diretrizes, mudar culturas e construir momentos. Se você é um líder, provavelmente vai gostar disso também. Mas é importante que compreenda que nem todas as pessoas se apropriam da mudança ao nível em que estejam dispostas a ser os portadores e comunicadores da visão. Porém, quanto mais fizer, mais cedo e mais sólida ocorrerá a mudança.

Fazendo Mudanças que Contam

Se quiser maximizar sua habilidade de pagar o preço do aprendizado e preparar-se para a mudança, melhora e crescimento, então você precisa fazer as cinco coisas que se seguem:

1. Mude a si Mesmo

No tempo em que eu costumava aconselhar vários casais, descobri que a maioria das pessoas entrou no processo com a intenção de ver a mudança na outra pessoa. Creio que isso faça parte da condição humana: buscar as falhas nas outras pessoas e minimizar as suas. Mas não é assim que você melhora seu relacionamento.

Meu amigo Tony Evans escreve:

Se quiser um mundo melhor,
Composto por nações melhores,
Habitado por melhores estados,
Cheio de país melhores,
Feito por cidades melhores,
Constituído por melhores vizinhanças,
Iluminado por igrejas melhores,
Habitado por famílias melhores,

Então terá que começar
Por tornar-se uma pessoa melhor.

Se quiser ver a mudança positiva em seu casamento, pare de procurar uma pessoa melhor e torne-se uma pessoa melhor. Se você quiser ver uma mudança positiva em sua carreira, pare de procurar um empregador melhor e torne-se um empregador melhor. Na vida, se você quiser mais, precisa se tornar mais.

Se mudar a si mesmo parece demais, então comece aos poucos. Howard Markman, um professor de psicologia da Universidade de Denver, diz: "A maioria dos casais com problemas pensa que, para as coisas melhorarem, precisam acontecer mudanças extraordinárias, se não um milagre". Isso não é verdade. "A superação", diz Markman, "acontece quando percebemos que ao realizarmos mudanças mesmo que pequenas em nós mesmos, podemos causar grandes e positivas mudanças". Esse princípio é verdade também para as pessoas que querem fazer mudanças. Então, se você quer realizar grandes mudanças, comece pelas pequenas.

2. Mude a sua Atitude

Há muito tempo, li uma citação do um poeta e estudioso Samuel Johnson que tem sido a base da minha atitude e desenvolvimento. Johnson afirmou: "Aquele que possui pouco conhecimento da natureza humana, e que busca a alegria mudando qualquer coisa menos sua própria disposição, desperdiçará sua vida com esforços infrutíferos e multiplicará os arrependimentos que propõe remover".

Tentar mudar os outros é um exercício fútil. Ninguém pode mudar outra pessoa. Nem sempre eu soube disso. Durante muitos anos, minha vida foi cheia de decepções pelas indisposições das outras pessoas em crescer. Durante anos esperei por elas, esperando pelo progresso. Muitas vezes esperei que as circunstâncias fossem mudar, apenas para a minha decepção. Qualquer coisa fora do seu controle que você tente mudar, vai certamente desapontá-lo. Pior ainda, descobri também que, quando tento mudar as coisas que estão fora do meu controle, começo a perder o controle das coisas dentro de mim que posso mudar, pois meu foco está errado. Essa é uma armadilha a ser evitada.

Qual é a solução? A mudança de atitude. Isso está completamente dentro do meu controle, e a beleza disso é que essa mudança pode ser o fator principal na mudança positiva da minha vida. Ao controlar minha própria atitude e escolher pensar de forma correta, posso minimizar os efeitos negativos daqueles ao meu redor que apresentam más atitudes. Posso parar de tomar como pessoal quando alguém em minha vida se recusa a mudar. Posso ver as oportunidades onde uma vez vi obstáculos.

E a melhor notícia é que, como diz o autor e palestrante Wayne Dyer, "quando você muda a forma como vê as coisas, as coisas que você vê realmente começam a mudar".

3. Mude seus Amigos que não Crescem

Sempre amei pessoas e valorizei relacionamentos. Mesmo assim, logo cedo em minha vida percebi que a maioria dos meus amigos não escolheu a mesma jornada que eu. Após descobrir o impacto que o crescimento pessoal pode exercer sobre a vida da pessoa, fiz o propósito de crescer. Muitos dos meus amigos não quiseram. Percebi então que teria que fazer uma escolha entre meu futuro e meus amigos. Foi uma decisão dolorosa, mas escolhi o meu futuro.

Minha mãe costumava dizer o tempo todo, "Diga-me com quem andas, e eu te direi quem és". Ela dizia isso para me alertar sobre as influências negativas em minha vida quando eu era criança. Mas o ditado vale também para influências positivas. Se você deseja crescer, precisa passar seu tempo com pessoas que estejam crescendo. Se quiser ser alguém que abraça as mudanças positivas, você precisa andar com aprendizes positivos.

Diz um velho ditado americano: "O espelho reflete a face do homem, mas como ele realmente é, é demonstrado pelo tipo de amigos que escolhe". Seus amigos irão ou ampliar sua visão ou sufocar seus sonhos. Alguns o inspirarão a caminhos ainda mais elevados. Outros o convidarão para sentar-se com eles no sofá da vida onde seu número de realizações é menor. Porque nem todos querem ver o seu sucesso, você precisa fazer uma escolha. Você vai permitir que as pessoas o desanimem? Ou vai prosseguir? Essa pode ser uma escolha difícil, mas pode mudar sua vida para melhor.

Preciso admitir que sou apaixonado por isso, pois sei o quanto é crucial para o sucesso da pessoa. Pense sobre o impacto negativo que pode ocorrer quando você gasta seu tempo com a pessoa errada:

- Que tipo de conselho você recebe quando o busca em pessoas improdutivas?
- O que acontece quando você discute seus problemas com alguém incapaz de contribuir com uma solução?
- O que acontece quando você segue alguém que não está indo a lugar algum?
- Onde você termina quando pede direção a alguém que está perdido?

Existem muitas estradas na vida que levam a lugar algum. E existem muitas pessoas que o convidarão para segui-las por essas estradas. Sábia

> Cada minuto que você passa com a pessoa errada rouba o tempo que você tem para passar com as pessoas certas.

é a pessoa que fortalece a sua vida com os relacionamentos corretos. Cada minuto que você passa com a pessoa errada rouba o tempo que você tem para passar com as pessoas certas. Mude para melhor.

4. Decida Viver Diferente da Média

Uma das questões mais importantes da vida é: "Quem sou eu?" Porém, ainda mais importante é: "Em quem estou me tornando?" Para responder a essa pergunta satisfatoriamente, precisamos manter um olho onde estamos e o outro onde estaremos. A maioria das pessoas não faz isso. Elas têm um olho onde estiveram e outro onde estão agora. Isso lhes diz quem elas são. (Algumas pessoas nem mesmo examinam a si mesmas *tanto* assim.) Entretanto, saber em quem você está se tornando requer não apenas saber onde está agora, mas também para onde você está indo e as mudanças que precisa fazer para chegar lá.

Se você está determinado a mudar e viver uma vida acima e além da média, saiba que vai precisar fazer as coisas de forma diferente ao olhar para a frente. Você precisa...

Pensar Diferente

Pessoas de sucesso são realistas sobre seus problemas e encontram formas positivas de lidar com o tempo. Elas sabem que esperança não é a estratégia.

Lidar com os Sentimentos de Forma Diferente

Pessoas de sucesso não permitem que seus sentimentos determinem seu comportamento. Elas lidam com o sentimento de maneira a fazer o que for possível para crescer e continuar seguindo em frente.

Agir Diferente

Pessoas de sucesso fazem duas coisas que muitas outras pessoas não fazem: elas iniciam a ação, e terminam o que começaram. Como resultado, desenvolvem o hábito de fazer coisas que as pessoas sem sucesso não fazem.

Você provavelmente ouviu a afirmação: "Se quiser algo que nunca teve, você precisa fazer algo que nunca fez". Isso também é válido se quiser se tornar alguém que nunca foi; você precisa fazer coisas que nunca fez. Isso significa mudar o que faz diariamente. O segredo do sucesso pode ser encontrado na agenda diária. As pessoas que se enquadram na média não fazem um esforço extra todos os dias para continuar crescendo e mudando.

5. Desaprenda o que Você Sabe para Aprender o que Não Sabe

O arremessador profissional de beisebol Satchel Paige disse: "Não é o que você não sabe que o prejudica — mas o que você sabe que não é assim". Isso também é verdade. Existem muitas coisas que cada um de nós aprende e que são erradas, e precisamos desaprendê-las se quisermos melhorar. Desaprendê-las pode ser difícil, mas é outro preço que precisamos pagar se quisermos crescer. Recentemente li um artigo escrito pelo técnico de liderança Lance Secretan no qual ele descreve o trabalho com esquiadores intermediários e em um dia os ensina uma técnica avançada de esqui em *"moguls"* (solavancos) e manobras *double black diamond* (só para *experts*). Ele afirma que a aptidão para executar essas manobras tão rapidamente confunde muitos esquiadores profissionais. Mas Secretan conta que o segredo não está em ajudar os esquiadores a aprender novas técnicas, mas em ajudá-los a *desaprender* algumas. Ele escreve:

Quando está com medo, você calcifica suas atitudes e crenças — você recorre aos recursos familiares e fecha a sua mente. O aprendizado novo se torna impossível, e a eficiência é comprometida.

Um esquiador intermediário, enfrentando um descida de 60 graus, recorrerá aos antigos hábitos — um *snowplow* (os esquis estão encravados para diminuir a velocidade) ou *side slipping* (os esquis ficam em um ângulo de 90 graus em relação à inclinação da encosta). Até que esses velhos hábitos sejam postos de lado, nenhum progresso de aprendizado pode ser feito.

Desaprender é um pré-requisito para o crescimento. Desaprender é como ver o mundo com novos olhos. Para desaprender, você precisa:

1) admitir que certa prática, crença ou atitude antiga não está resolvendo o atual problema e que fazer mais disso não vai levá-lo ao objetivo desejado;

2) abra sua mente — esforce-se para enxergar que existem alternativas para a forma com você sempre fez isso até agora;

3) mude do *tentar racionalizar o uso da sua solução favorita* para *fazer perguntas sobre como você pode mudar, aprender e crescer;*

4) comprometa-se a nunca mais fazer como estava acostumado; e

5) pratique e aperfeiçoe a nova forma.⁹

Desaprender formas ultrapassadas ou erradas de fazer as coisas pode ser difícil. Nossa tendência é nos apoiarmos no que sabemos, mesmo que não seja o melhor para nós. O segredo é permitir-se estar errado e estar disposto a mudar para melhor.

O psiquiatra David Burns se expressa desta forma: "Nunca desista do seu direito de estar errado, porque então você perderá a habilidade de aprender coisas novas e prosseguir com a sua vida".

> "Nunca desista do seu direito de estar errado, porque então você perderá a habilidade de aprender coisas novas e prosseguir com a sua vida."
> – David Burns

A mudança é difícil para todos nós, porém é essencial se você quiser transformar suas perdas em ganhos. É o preço que precisamos pagar para o aprendizado. E não deixe que digam: "Não se pode ensinar novos truques para cães velhos".

Muitos adestradores de cães provam o contrário. Além do mais, as ideias neste capítulo não foram escritas para cães velhos e não se tratam de truques. Elas são para pessoas como você e eu que desejam mudar, aprender e crescer. E nós podemos fazer isso — se estivermos dispostos a pagar o preço.

12
Maturidade: O Valor do Aprendizado

O que você consegue caso siga todas as ideias que venho discutindo nesse livro? Existe um pote de ouro no final desse arco-íris? O que acontece se você:

- Cultivar a Humildade: O Espírito do Aprendizado
- Enfrentar a Realidade: O Alicerce do Aprendizado
- Aceitar a Responsabilidade: O Primeiro Passo para o Aprendizado
- Buscar o Aperfeiçoamento: O Foco do Aprendizado
- Nutrir a Esperança: A Motivação do Aprendizado
- Desenvolver a Ensinabilidade: O Caminho para o Aprendizado
- Vencer a Adversidade: O Catalisador para o Aprendizado
- Aproveitar os Problemas: As Oportunidades para o Aprendizado
- Resistir às Experiências Ruins: A Perspectiva para o Aprendizado
- Abraçar a Mudança: O Preço do Aprendizado

O que acontece? Você é recompensado com Maturidade: O Valor do Aprendizado!

Quando escrevo *maturidade*, não estou falando de idade. Muitas pessoas pensam que maturidade é o resultado natural do envelhecimento. Quando encontram alguém imaturo, dizem: "Dê-lhe alguns anos e ele amadurecerá". Não necessariamente. A maturidade nem sempre acompanha a idade. Algumas vezes a idade chega desacompanhada! Não, para mim a pessoa é madura quando aprendeu com suas perdas, ganhou sabedoria e possui uma forte estabilidade mental e emocional face às dificuldades da vida.

O autor William Saroyan observou: "As pessoas boas são boas porque chegaram à sabedoria através das falhas. Sabe, obtemos muito pouca sabedoria com o sucesso". O que Saroyan descreve é esse tipo de matu-

> "As pessoas boas são boas porque chegaram à sabedoria através das falhas. Sabe, obtemos muito pouca sabedoria com o sucesso."
>
> – William Saroyan

ridade. Para alguns, essa qualidade acontece logo cedo. Para outros, ela nunca acontece. George Reedy, que foi secretário de imprensa do presidente Lyndon Johnson, convenceu o presidente de que ele não deveria ter assistentes com menos de 40 anos e que nunca tivessem sofrido quaisquer grandes decepções na vida. Por quê? Reedy acreditava que lhes faltava a maturidade necessária para aconselhar o presidente. As pessoas que não venceram grandes perdas tendem a pensar que são invencíveis. Elas começam a acreditar que são melhores do que realmente são e têm a tendência de fazer mal uso do seu poder. Todas as pessoas que prestaram uma contribuição muito importante para a vida conhecem o fracasso.

Fred Smith, que foi meu mentor há muitos anos, costumava dizer: "Não acho que Deus esteja interessado em nosso sucesso tanto quanto Ele está em nossa maturidade". Esse é um sério pensamento, mas concordo com ele. A maturidade, com frequência, se desenvolve mais através das nossas perdas do que das nossas vitórias. Mas *como* você enfrenta tais perdas realmente importa. As pessoas sofrem perdas, cometem erros e suportam más experiências todo o tempo sem desenvolver a maturidade.

A Fonte da Maturidade

Se você deseja obter o verdadeiro valor do aprendizado decorrente da maturidade, precisa então ter em mente as seguintes verdades:

1. A Maturidade É o Resultado da Descoberta do Benefício através da Perda

Primeiro, você precisa aprender com seus erros e perdas. Esse tem sido o tema por todo este livro. Aprender é o que tem feito o investidor Warren Buffet. Hoje as pessoas o conhecem como um dos homens mais ricos do mundo. Esse ancião político é respeitado por sua habilidade financeira e sabedoria, mas essas qualidades são resultado de um aprendizado através das perdas. Ele diz: "Cometo muitos enganos e cometerei ainda mais. Isso faz parte do jogo. Você apenas precisa se certificar de que as coisas certas superem as erradas".

Os erros de Buffett incluem pagar um preço muito alto por um negócio (Conoco Philps e USAir), investir em negócios que estavam afundando (Blue Chip Stamp), perder grandes oportunidades (Capital

Cities Broadcasting), contratar gerentes ruins e encabeçar pessoalmente certas operações quando não deveria. Ainda assim, um dos motivos pelos quais ele é tão bem-sucedido diante das suas perdas é que ele aprende com seus erros, mas não se atém a eles. Acredito que a chave para a libertação do estrangulamento dos fracassos e falhas passados é aprender a lição e esquecer os detalhes. Isso proporciona não apenas avanço mental como também liberdade emocional.

Aprender com os nossos erros é maravilhoso, mas isso significa muito pouco se você não souber como transformar a lição em *benefício*. Isso acontece quando aplicamos o que aprendemos em nossas ações futuras. É o que tenho tentado fazer, embora eu tenha levado algum tempo para aprender como fazer isso. Eis alguns exemplos de dificuldades que enfrentei, como elas me afetaram emocionalmente e como tentei mudar minha forma de pensar para obter o benefício da experiência:

Quando estava sobrecarregado escrevendo um comentário bíblico: Eu me senti desencorajado, pensei em desistir e defini a mim mesmo como mole. No entanto, continuei trabalhando, consegui ajuda e adquiri novas formas de aprender. Dois anos mais tarde terminei o projeto. O benefício da experiência: redefini a mim mesmo como tenaz. Nunca mais permiti que os desafios do projeto escrito me impeçam de seguir adiante e finalizá-lo.

Quando sofri um ataque cardíaco: Percebi que havia negligenciado minha saúde. Defini a mim mesmo como indisciplinado e me preocupei com o que o futuro poderia estar reservando. Mas permiti que a experiência mudasse a forma como eu me alimentava e exercitava. Comecei a nadar diariamente. Redefini a mim mesmo como disciplinado nessa área pela primeira vez em minha vida. O benefício: estou vivendo uma vida saudável diariamente para que possa viver ainda mais anos ao lado de Margaret, dos nossos filhos e dos nossos netos.

Quando minha mãe morreu: Perdi a pessoa que me deu amor incondicional diariamente durante sessenta e dois anos da minha vida. Fiquei arrasado. Eu me senti perdido. Quantas pessoas possuem alguém assim em suas vidas? E perdê-la! Então percebi que ela era um presente, e senti gratidão. O benefício: determinei ser essa pessoa que ama incondicionalmente na vida de mais pessoas.

Quando perdi um milhão de dólares em uma má decisão de negócios: Eu me senti mal porque tivemos que vender alguns investimentos para cobrir as perdas, e não podíamos realmente pagar por elas. Castiguei a mim mesmo, pois pensei que havia sido descuidado.

O benefício: fiz algumas mudanças necessárias em meu processo de decisão e me senti mais sábio devido a essa experiência.

Essas experiências-chave me modificaram. Elas me ensinaram lições e me beneficiei delas quando as apliquei na prática. Quando era jovem, eu pensava erroneamente que, à medida que ficava mais velho e ganhava experiência, eu cometeria menos erros e sofreria menos perdas. Isso não tem acontecido. O que descobri é que ainda cometo erros e enfrento perdas, mas aprendo mais rapidamente com elas e estou apto a seguir em frente muito mais rápido em um nível emocional.

Se você quiser obter os benefícios aprendidos com seus erros e perdas, não permita que eles o aprisionem emocionalmente. Banker e o palestrante Herbert V. Prochnow afirmaram: "A pessoa que nunca comete erros recebe ordens daquele que comete". Por quê? Porque a pessoa que avança em sua carreira corre riscos, falha, aprende e aplica a lição para ganhar os benefícios. Observe qualquer pessoa de sucesso, e você verá alguém que não vê o engano como inimigo. Se possuem quaisquer arrependimentos, serão como os da atriz Tallulah Bankhead, que disse: "Se eu pudesse viver minha vida novamente, cometeria os mesmos erros, só que mais cedo".

2. A Maturidade É Resultado do Aprendizado para Alimentar as Emoções Certas

Há muitos anos me deparei com um verso que penso descrever a condição humana com precisão. Ele diz:

Duas naturezas batem dentro do meu peito.
Uma é horrível, a outra abençoada.
Uma que amo, outra que odeio,
A que eu alimentar irá dominar.[1]

Acredito que cada um de nós possui emoções positivas e negativas. Há pessoas que ensinam que devemos tentar eliminar todos os sentimentos negativos da nossa vida, mas nunca me senti apto a fazer isso. Já tentei, mas descobri que não posso. No entanto, o que eu *posso* fazer é alimentar os pensamentos positivos até que eles se tornem dominantes sobre os negativos.

Contam que o general George Patton, um destemido guerreiro do Exército dos Estados Unidos durante a Segunda Guerra Mundial, não se achava muito valente. Quando um oficial elogiou seus atos de heroísmo, a resposta de Patton foi: "Senhor, não sou um homem valente. Para dizer a verdade, possuo o coração de um covarde. Nunca enfrentei o som de uma arma disparando ou um campo de batalha em toda a minha vida sem que estivesse sentindo medo. Constantemente sinto suor na palma das minhas mãos e um nó na garganta". Como alguém com tanto medo poderia ser tão corajoso? Ele alimentava as emoções certas. Ou, como o próprio Patton definiu: "Aprendi muito cedo na vida a não ouvir conselhos dos meus medos".

Tento alimentar as emoções certas dentro de mim mesmo ao *agir* segundo a emoção que eu quero que vença. "Faça algo todos os dias que você não quer fazer", aconselha o autor Mark Twain. "Essa é a regra de ouro para adquirir o hábito de fazer o seu trabalho sem dor." Agir de acordo com a emoção correta o conduzirá ao sucesso. Agir de acordo com a emoção errada o conduzirá à derrota.

Certa vez almocei com Dom Capers, o bem sucedido técnico da NFL [Liga Nacional de Futebol Americano]. Uma das coisas que ele disse durante nossa conversa foi: "Maturidade é fazer o que precisa ser feito, quando precisar ser feito, não importando como você esteja se sentindo". Isso é verdade. A chave para o sucesso é a ação.

> "Maturidade é fazer o que precisa ser feito, quando precisar ser feito, não importando como você esteja se sentindo."
> – Dom Capers

Com frequência queremos sentir o caminho para uma ação, quando, ao contrário, precisamos agir o nosso caminho para um sentimento. Se fizermos a coisa certa, por fim vivenciaremos os sentimentos corretos.

3. A Maturidade É Resultado do Aprendizado para Desenvolver os Bons Hábitos

Og Mandino, autor do livro *The Greatest Salesman in the World* [O Maior Vendedor do Mundo], disse: "Na verdade, a única diferença entre os que falharam e os que foram bem-sucedidos está na diferença dos seus hábitos". Ao encorajar as nossas emoções certas por meio da atitude positiva durante um período de tempo contínuo, podemos realmente formar o hábito de tomar a atitude correta. E isso costuma levar a resultados positivos posteriores. Como escreve o poeta John Dryden: "Primeiro fazemos nossos hábitos, e então nossos hábitos nos fazem".

No livro *Life's Greatest Lessons* [As Maiores Lições da Vida], Hal Urban escreve sobre o poder dos bons hábitos. Ele diz:

> O significado original de *hábito* era "vestimenta", ou "peça de roupa". E, como as vestimentas, vestimos nossos hábitos diariamente. Nossas personalidades são realmente compostas pelas nossas atitudes, hábitos e aparências. Em outras palavras, nossa

personalidade são as características pelas quais somos identificados, as partes de nós que refletimos aos outros. Assim como com nossas roupas, todos os nossos hábitos são adquiridos. Não nascemos com nenhum deles. Nós os aprendemos, assim como aprendemos as nossas atitudes. Eles se desenvolvem com o tempo e são reforçados pela repetição.²

Bons hábitos requerem disciplina e tempo para se desenvolver. Urban prossegue descrevendo como Benjamim Franklin desenvolveu os hábitos que pensava poderem torná-lo uma pessoa melhor. Franklin listou treze qualidades que desejava possuir, colocou-as em ordem de importância, e então deu a cada uma sua própria página em um pequeno livro de anotações. Cada semana ele se concentrava em uma qualidade, tomando notas em seu livrinho. Chegou o tempo em que ele havia desenvolvido as qualidades que admirava, e isso o transformou de quem ele era em quem desejava ser.

As pessoas cujas carreiras são de alta pressão costumam aprender essa lição mais cedo, ou não alcançam os maiores níveis do sucesso. Por exemplo, na patinação do gelo profissional, chamam isso de "ficar no seu programa". Quando um patinador está fazendo sua rotina, se ele comete um erro ou cai, tem que imediatamente se levantar e voltar ao seu programa — quer esteja competindo nos Jogos Olímpicos em frente aos juízes com olhos de gavião e milhões de pessoas assistindo pela televisão, quer esteja praticando sozinho nas primeiras horas do dia. Isso requer concentração e habilidade para viver o momento. Por que isso é importante? Porque para ser bem-sucedido a níveis mais altos, você não pode permitir que o desafio o tire do seu caminho. Você precisa cultivar o hábito de executar e seguir adiante.

"Você não foi bem-sucedido? Continue! Você foi bem-sucedido? Continue!"

– *Fridtjof Nansen*

Se quisermos obter o valor do aprendizado, precisamos adquirir o hábito de executar a níveis mais altos, faça sol ou chuva, sucesso ou falha, revezes ou avanços. Precisamos aceitar o conselho do vencedor do Prêmio Nobel da Paz, Fridtjof Nansen, que declarou: "Você não foi bem-sucedido? Continue! Você foi bem-sucedido? Continue!"

4. A Maturidade É o Resultado de Aprender a Sacrificar Hoje para Vencer Amanhã

Já toquei nesse ponto anteriormente, mas vale a pena repetir. Existe uma conexão definitiva entre o sucesso e a disposição da pessoa em fazer sacrifícios. O autor Arthur C. Brooks recentemente escreveu uma coluna de opinião para o *Wall Street Journal* que tratava desse assunto.

Nesse texto, Brooks afirma: "As pessoas que não podem adiar a gratificação corrente tendem a falhar, e sacrificar a si mesmo é parte do sucesso empreendedor". Ele cita um estudo de 1972 no qual o psicólogo Walter Mischel conduziu um experimento envolvendo crianças pequenas e marshmallows. Os pesquisadores ofereceram às crianças um marshmallow, mas disseram que elas poderiam receber outro caso esperassem quinze minutos para comer o primeiro. Dois terços das crianças não esperaram.

Uma das coisas mais intrigantes sobre o estudo foi o que os pesquisadores descobriram mais tarde. Ao fazerem um acompanhamento para saber como estava a vida das crianças, descobriram que as que haviam postergado sua gratificação atingiram, em média, 210 pontos a mais no teste SAT [que corresponde ao Enem no Brasil], tinham menos chances de abandonar a faculdade, tiveram uma renda mais alta e sofreram menos problemas com álcool e drogas.

Brooks prossegue explicando algumas implicações da pesquisa. Ele escreve:

> Mas a evidência vai além da descoberta de que as pessoas que podem adiar a gratificação tendem a ir bem no geral.
>
> Quando ouvimos falar sobre empreendedores de sucesso, é como se tivessem o toque de Midas. Um garoto de faculdade espinhento desenvolve uma empresa de Internet durante uma palestra chata em Harvard, e antes do almoço ele é um bilionário. Na vida real, não é assim que funciona. O professor da Universidade Northwestern Steven Rogers mostrou que o empresário médio falha cerca de quatro vezes antes de ser bem-sucedido.
>
> Quando perguntado sobre seu sucesso final, os empresários costumam falar sobre a importância de suas dificuldades... Quando perguntei ao lendário fundador da empresa de investimento Charles Schwab sobre o sucesso de 15 bilhões de dólares que leva seu nome, ele me contou a história da segunda hipoteca da sua casa apenas para fazer a folha de pagamento nos primeiros anos.
>
> Por que essa ênfase na luta? Os empresários sabem que, quando eles sacrificam, estão aprendendo e melhorando, exatamente o que eles precisam fazer para obter o sucesso através de seus méritos. Todo sacrifício e gratificação adiada os torna mais sábios e melhores, mostrando-lhes que não estão recebendo

nada de graça. Quando o sucesso finalmente acontece, eles não trocariam os dias anteriores por nada, mesmo que tenham se sentido miseráveis naquele momento.³

A disposição para sacrificar não acontece facilmente. As pessoas naturalmente tendem a adotar comportamentos que as fazem se sentir bem. Todos gostam de conforto, prazer e entretenimento, e tendem a querer revivê-los. Se fizermos isso repetidamente, podemos nos tornar viciados ou entediados e buscar prazeres maiores. Para algumas pessoas, isso se torna uma busca por toda a vida. Mas há um problema. Uma pessoa que não consegue sacrificar nunca pertencerá a si mesma; ela pertence a qualquer coisa da qual não estava disposta a abrir mão. Se você quer desenvolver maturidade e aprender o valor da aprendizagem, precisa aprender a desistir de algumas coisas hoje para ganhos maiores amanhã.

> Se você quer desenvolver maturidade e aprender o valor da aprendizagem, precisa aprender a desistir de algumas coisas hoje para ganhos maiores amanhã.

5. A Maturidade É o Resultado da Aprendizagem para Conquistar Respeito por si Próprio e pelos Outros

Nossos filhos estão crescidos e casados com suas próprias famílias, mas quando eram adolescentes, Margaret e eu às vezes nos encontrávamos com uma conselheira amiga nossa. Ambos sentimos o peso da responsabilidade que acompanha a paternidade, e nos beneficiávamos dos seus conselhos. Durante uma dessas sessões, ela me repreendeu, dizendo: "Você está afirmando muito os seus filhos, e quer ajudá-los muito rapidamente quando eles têm problemas". Fiquei surpreso com sua declaração e coloquei-me na defensiva. "Como alguém poderia ajudar *demais*?", perguntei. "E por que um pai não deveria saltar e ajudar seus filhos com seus problemas?" Ela sabia que eu acreditava que a autoestima positiva é muito importante na vida de uma pessoa. Também sabia que eu queria ser solidário com os meus filhos. Mas a sua preocupação era que eu estava promovendo uma falsa autoestima neles. "Olha", disse ela, "você pode dizer a seus filhos que eles são maravilhosos o dia inteiro, sejam eles ou não, e pode fazê-los sentir-se bem. Mas, então, eles vão sair para o mundo real esperando o mesmo tipo de tratamento das outras pessoas, e vão ficar arruinados". As palavras dela soaram verdadeiras para mim. Ela continuou: "A melhor forma de aumentar a autoestima na vida de seus filhos é dar-lhes ferramentas que possam utilizar para melhorar suas vidas". Sua advertência foi confirmada por Margaret. Era verdade que eu queria proteger a minha família dos problemas. Daquele dia em diante, trabalhei muito para mudar. Percebi que não poderia dar autoestima aos meus filhos. Eu poderia amá-los incondicionalmente, mas eles teriam que encontrar sua própria autoestima através de suas ações e escolhas. (E, a propósito, se você cresceu com pais afirmadores, seja grato, mas esteja determinado a executar com excelência, assumir a responsabilidade por si mesmo quando não tiver sucesso e aprender com seus fracassos, sem ficar na defensiva.) A palavra *estima* significa "apreciar o valor de, manter em alta conta, ter respeito genuíno". Então a *autoestima* realmente significa "autorrespeito". Isso vem do nosso caráter. Nós nos sentimos bem sobre nós mesmos quando fazemos escolhas certas, independentemente das circunstâncias. Na verdade, se o nosso comportamento for positivo diante das circunstâncias negativas, ele constrói caráter e respeito próprio. Isso vem de dentro de cada um de nós. E quanto mais preparados estivermos para enfrentar nossos problemas, maior a maturidade e a chance de aprendermos e crescermos. O autor e palestrante Brian Tracy diz: "A autoestima é a reputação que você tem de si mesmo". Se você quer que ela seja sólida e duradoura, ela precisa ser conquistada e confirmada, dia após dia. Isso acontece de dentro para fora. E quando é sólida, você sabe que as forças externas que vêm contra você não a vão abalar. Você permanece fiel a quem você é, aprende com seus erros e continua seguindo em frente.

Cinquenta Anos Aprendendo da Maneira mais Difícil

Por mais de cinquenta anos, Gail Borden Jr. não foi um homem bem-sucedido, embora certamente não tenha sido por falta de tentativa. Nascido em 1801, Borden passou sua infância crescendo em Nova York, Indiana e no Mississippi. Ele recebeu pouca educação formal, frequentando a escola por apenas dois anos de sua adolescência. Aprendeu o ofício de agrimensor, e por um tempo, nos seus vinte e poucos anos, trabalhou como agrimensor do município em Amite, Mississippi. Mas ele começou a ficar inquieto, e quando tinha 28 anos mudou-se para o Texas, acompanhando seu pai e irmão. Por um tempo, ele trabalhou na fazenda e na criação de gado, mas isso não era o que ele queria fazer. Então, quando teve a oportunidade de substituir seu irmão como agrimensor oficial da colônia de Stephen F. Austin, com sede em San Felipe, ele assumiu a posição. Mas isso também não durou muito tempo.

Aos trinta e poucos anos, Borden fez parceria com seu irmão e um terceiro homem para começar um jornal — apesar de nenhum deles ter qualquer experiência em impressão. Eles publicaram sua primeira edição apenas alguns dias após o início da Revolução do Texas. Publicaram a primeira lista de texanos que morreram no Álamo, e popularizaram o slogan "Lembre-se do Álamo."

Durante a Revolução do Texas, eles fugiram do exército mexicano com sua máquina de impressão, mas ela foi capturada de qualquer forma. Os soldados atiraram a máquina de impressão em Buffalo Bayou. Logo após o fim da revolução, Borden hipotecou sua terra para comprar uma nova máquina de impressão, mas devido a dificuldades financeiras, acabou vendendo sua parte no jornal. Foi quando Borden usou suas conexões políticas para garantir uma posição no governo. Sam Houston nomeou Borden como coletor de alfândega em Galveston. Embora Borden tenha tido algum sucesso na posição, foi substituído pelo sucessor de Sam Houston. Então, ele tentou o negócio de imóveis.

Para Alguns, a Maturidade Chega Tarde

Para seu crédito, Borden nunca desistiu. Ele mostrou grande tenacidade. Porém, uma das mais fortes críticas feitas contra ele foi que perdia o interesse em seus esforços muito rapidamente e pulava para um novo interesse. Ao se aproximar dos 50 anos, o nível de maturidade finalmente parecia estar chegando. Na década de 1840, ele começou a inventar. Ao ficar sabendo sobre a corrida do ouro, na Califórnia, concentrou toda a sua atenção em condensar alimentos para que eles pudessem ser preservados por longos períodos de tempo. Borden disse: "Eu quero colocar uma batata em uma caixinha de remédios, uma abóbora em uma colher de sopa e uma melancia em um pires".

O primeiro esforço de Borden foi o que ele chamou de um biscoito de carne. Ele extraiu todos os nutrientes da carne pela fervura. Então, esticou o líquido e condensou-o em um xarope, que misturou com farinha e cozinhou em forma de biscoito seco. Ele por fim patenteou o processo e foi bem-sucedido o suficiente para assinar um contrato para produzir os biscoitos para o Exército dos Estados Unidos. Ele também recebeu a Medalha de Honra na Grande Exposição em Londres, em 1851. Mas a sua maior contribuição para a sociedade acabou sendo um produto diferente. A bordo do navio, ao voltar da Inglaterra, Borden viu crianças morrendo por terem bebido leite contaminado.

Ele prometeu encontrar uma maneira de condensar leite e preservá-lo para que fosse seguro para o consumo humano. Iniciou a tarefa de forma semelhante à que havia criado o biscoito carne. Colocou o leite em uma chaleira, ferveu para evaporar a água, mas o processo falhou.

O leite tinha gosto de queimado. Ele tentou outras abordagens, mas quando viu açúcar de bordo condensado em uma panela a vácuo

Maturidade: O Valor do Aprendizado

descobriu o processo que funcionou. Ele tinha finalmente encontrado o sucesso, mas a essa altura estava quase arruinado financeiramente. Assim, ele arrumou parceiros. Com a ajuda deles, conseguiu abrir uma fábrica em Connecticut, em 1856. No entanto, quando a operação não gerou lucro imediato, os investidores se retiraram e a instalação foi fechada. Com a ajuda de outro investidor, Borden abriu outra instalação. Essa também foi fechada devido à crise financeira nos Estados Unidos. Muitas pessoas teriam desistido neste momento. Na verdade, se esses eventos tivessem acontecido mais cedo na vida de Borden, ele provavelmente teria desistido.

Mas dessa vez ele tinha finalmente desenvolvido maturidade o bastante para aprender com suas perdas e aproveitar a oportunidade quando esta se apresentou. Quando se encontrou com o financista Jeremiah Milbank em um trem, Borden convenceu-o a tornar-se seu sócio. Eles fundaram a New York Condensed Milk Company, em 1857, que foi finalmente bem-sucedida. Mais tarde, ela foi renomeada como Borden Company. O investimento de Milbank de 100 mil dólares foi dito valer 8 milhões de dólares quando ele morreu, em 1884.

O leite condensado tornou-se o meio para a fortuna de Borden. Ele desenvolveu outros processos para conservar os alimentos, como o de condensar frutas em sucos. Mas é pelo leite condensado que ele sempre será lembrado. E sua vida é um testemunho do valor do aprendizado quando a pessoa finalmente amadurece e absorve as lições das perdas, erros e falhas. Foi uma lição que Borden aprendeu bem. Em sua lápide, ele pediu que as seguintes palavras fossem inscritas: "Tentei e falhei. Tentei de novo e consegui". O que mais poderia se esperar de uma pessoa?

13

Vencer Não É Tudo, mas Aprender Sim

Lembro-me de ler a história em quadrinhos *For Better or Worse* [Na alegria ou na dor] em que um menino está jogando xadrez com seu avô.
— Oh, não! De novo não! — grita o rapaz. —Vovô, o senhor sempre ganha!
— O que você quer que eu faça? — responde seu avô. — Que eu perca de propósito? Você não vai aprender nada se eu fizer isso.
— Eu não quero aprender nada — reclama o rapaz. — Eu só quero vencer!

Assim como qualquer coisa que eu já vi, isso demonstra como a maioria de nós se sente. Nós queremos apenas ganhar! Mas a verdade é que ganhar não é tudo — aprender é.

Considerações Finais sobre Aprendizagem

O autor Doug Adams disse: "Você vive e aprende. De qualquer forma você vive". É possível ganhar e não aprender. No entanto, para a pessoa que prioriza o vencer, e não o aprender, a vida será difícil.

Meu objetivo ao escrever este livro foi a de ajudá-lo a aprender — com suas perdas, fracassos, erros, desafios e experiências ruins. Quero que você se torne um vencedor contínuo sendo um aprendiz habitual. A fim de ajudá-lo, desejo partilhar alguns pensamentos sobre o aprendizado que serão úteis para guiá-lo enquanto segue em frente.

1. O Aprendizado Costuma Diminuir quando as Vitórias Aumentam

Há muitos anos, durante um jantar em Odessa, Texas, tive uma conversa com Jim Collins, autor do livro *Good to Great* [De Bom para Ótimo]. Jim é um bom pensador, e gosto de conversar com ele sobre liderança. Naquela época, a economia estava a toda, e o desemprego estava abaixo de 4%. Nós conversamos sobre o perigo da complacência sempre que as pessoas estão ganhando. Elas ficam tentadas a relaxar e recostar-se quando as coisas estão indo bem. E Jim fez uma pergunta: "Como vamos continuar a crescer, melhorar e conquistar mais, quando o que já temos é muito bom?"

Complacência: esse é o perigo enfrentado por qualquer pessoa bem-sucedida. O fundador da Microsoft, Bill Gates, observou: "O sucesso é um péssimo professor. Ele faz com que as pessoas inteligentes pensem que não podem perder". Também faz com que pensem que não precisam aprender.

> "O sucesso é um péssimo professor. Ele faz com que as pessoas inteligentes pensem que não podem perder."
> – Bill Gates

O maior prejuízo para o sucesso de amanhã é o sucesso de hoje. Esse problema pode se manifestar de muitas maneiras. Aqui estão os que tenho observado com mais frequência:

- *Experiência Comprovada*: Algumas pessoas atingem um marco, e fazem dele uma lápide. Elas ficam entediadas, perdem a sua curiosidade e se desconectam. Não deixe que isso aconteça com você.

- *O Tour do Banquete:* Quando se é bem-sucedido, as pessoas querem ouvir a sua história. Porém, você corre um verdadeiro perigo de substituir o fazer pelo falar. O consultor Gail Cooper adverte: "Ao receber um prêmio, pendure-o na parede do hall de entrada e volte ao trabalho".

- *Sucesso Garante o Sucesso*: Só porque você pode fazer bem alguma coisa, não significa que pode fazer todas as coisas bem. Ao vencer, mantenha a sua perspectiva.

- *Mito do Impulso*: A inclinação natural das pessoas após uma vitória é fazer uma pausa. Má ideia. Quando você estiver ganhando, aproveite a dinâmica. Você será capaz de fazer coisas que poderiam, de outro modo, ser impossíveis.

- *O Encanto do Único Sucesso:* Você já conheceu alguém que foi *bem-sucedido uma vez* — e ainda vive desse sucesso? Dar continuidade ao ontem é uma boa ideia; viver dele é uma má ideia.

- *A Mentalidade do Direito*: As pessoas que possuem algo não conquistaram por si mesmas começam a pensar que têm direito a mais. É por isso que muitas empresas herdadas não dão certo. Para continuar vencendo, você precisa ficar com fome e continuar aprendendo.

• *Jogar para não Perder:* Algumas pessoas, após vencer, tornam-se cautelosas e defensivas. Preocupam-se em permanecer no topo. Não querendo fazer algo estúpido, elas fazem algo estúpido; concentram-se em não perder em vez de ganhar.

• *O Patamar da Chegada:* Algumas pessoas ficam tão focadas em um objetivo específico que, após atingi-lo, desistem, pois acreditam que está terminado. Essa mentalidade tem o poder de desconstruí-los.

Qualquer uma dessas atitudes erradas quanto ao ato de vender, pode transformar uma pessoa de vencedor em perdedor muito rapidamente. É provável que você já tenha ouvido a frase: "A regra número um para ganhar é não derrotar a si mesmo!" Estas são algumas das formas mais comuns através das quais as pessoas se perdem após terem alcançado certo nível de sucesso. O romancista John Steinbeck dá algumas dicas sobre os motivos. Em uma carta a Adlai Stevenson publicada no *Washshington Post* em 28 de janeiro de 1960, Steinbeck escreveu: "Somos uma espécie estranha. Podemos suportar qualquer coisa que Deus e a natureza atirem em nós, salvo certas proporções. Se eu quisesse destruir uma nação, daria muito a ela, até que ficasse de joelhos: miserável, sôfrega e doente".

Se você quer continuar a aprender e crescer, precisa ficar com fome. Dependendo da sua personalidade, vencer pode tirar alguns da sua fome para vencer novamente. Logo, mantenha a sua fome de aprender. Então, não importa se ganhando ou perdendo, você continuará melhorando.

A regra número um para ganhar é não derrotar a si mesmo!

2. A Aprendizagem Só É Possível quando Mudamos a Forma de Pensar

Alguma vez você já se perguntou por que tantas pessoas que ganham na loteria perdem todo o dinheiro? Isso acontece continuamente. Em um dia, estão segurando um cheque de valor elevadíssimo, e alguns anos mais tarde, perderam tudo. Por quê? Elas perdem o dinheiro porque não mudam o seu modo de pensar. Elas podem receber dinheiro novo, mas mantêm o seu mesmo pensamento antigo. Não é o que possuímos que determina o nosso sucesso. É como pensamos. Se desistissem do seu pensamento, essas pessoas então poderiam manter o seu dinheiro.

Tenho notado três padrões de pensamento positivo particulares de pessoas que estão sempre aprendendo. Adote-os e você será capaz de continuar mudando o seu pensamento para estar sempre aprendendo:

Não Permita que o que Você Sabe o Faça Pensar que Sabe Tudo

O escritor e filósofo J. Krishnamurti afirmou: "Saber é ser ignorante. Não saber é o princípio da sabedoria". Ao ganhar, e aprender, e crescer, você enfrenta um verdadeiro perigo de pensar que sabe tudo. Não deixe que isso aconteça! Você simplesmente não pode aprender o que acha que já sabe. Eu trabalhei duro para me proteger de cair nessa armadilha. Iniciei meu apaixonado estudo sobre liderança em 1974. Durante as quase quatro décadas desde então, li milhares de artigos e livros de liderança, conheci milhares de líderes, frequentei centenas de eventos de liderança, lidei com questões contínuas de liderança, escrevi centenas de aulas sobre liderança, falei para milhões de pessoas sobre este assunto e escrevi mais de setenta livros. Eu já cheguei? Não! Eu ainda sou um estudante de liderança, e ainda me sinto desafiado a me tornar um líder melhor.

> "Saber é ser ignorante. Não saber é o princípio da sabedoria."
> – J. Krishnamurti

Uma das coisas que me mantém animado sobre a aprendizagem de novos pensamentos de liderança é a minha paixão pelo assunto. Ainda peço que outros líderes questionem sobre liderança. Ainda estou explorando. Não estou nem perto de saber tudo sobre o assunto, penso que nunca estarei. Eu não quero estar perto. Quero morrer fazendo perguntas e desejando aprender mais. Você também deveria ser igualmente apaixonado por qualquer coisa que tenha sido colocado nesse mundo para realizar. Se você conseguir manter a mentalidade de aprendiz até o fim, seu pensamento continuará mudando e você continuará crescendo.

Mantenha uma Atitude Mental Positiva

O escritor e pensador G. K. Chesterton disse: "A forma como pensamos ao perder determina quanto tempo passará até que ganemos". Acredito que uma parte fundamental do tipo certo de pensamento provém de permanecer positivo. Como se faz isso? Ao continuamente alimentar pensamentos positivos para a sua mente ao ler livros positivos, colecionar citações positivas e ouvir mensagens positivas. Ao fazer isso, você supre o seu pensamento com conteúdo positivo suficiente e mantém a mente focada nas coisas que irão encorajá-lo.

Quando as ideias negativas e pensamentos desencorajadores tentarem entrar e deixá-lo negativo, você já terá criado uma barreira contra eles. Pense positivamente por muito tempo, e não só os seus pensamentos positivos se tornarão mais fortes do que os negativos, como também se tornarão mais confortáveis.

Manter uma atitude mental positiva consistente será o seu maior aliado no crescimento e no aprendizado. Se você conseguir manter-se positivo, então, mesmo quando as coisas forem mal, você não ficará aflito. Sua atitude será: *A pior coisa que poderia acontecer comigo hoje poderia levar à melhor coisa que acontecerá hoje.*

> **Manter uma atitude mental positiva consistente será o seu maior aliado no crescimento e no aprendizado.**

Abrace a Criatividade em Cada Situação

Há um quebra-cabeça clássico mostrando o poder do pensamento criativo que às vezes compartilho com as pessoas as quais ensino. Aqui está: usando quatro linhas retas, conecte todos os nove pontos abaixo, sem cruzar o mesmo ponto duas vezes ou levantar o lápis do papel.

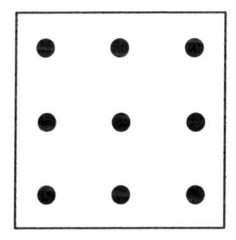

Você resolveu? A maioria das pessoas tem dificuldade ao tentar pela primeira vez. O segredo é que *você precisa sair da caixa!* (Se você ainda não sabe como resolvê-lo, pode encontrar a solução no final do capítulo.)

Sair da caixa é a chave para a maior parte do pensamento criativo, que pode ajudá-lo a continuar crescendo e aprendendo. O problema é que a maioria de nós acredita que *devemos* ficar dentro da caixa, permanecer dentro das linhas, e assim por diante. Quem disse isso? Não deve haver restrições à forma como pensamos e como chegamos à resolução do problema.

A criatividade é a capacidade de livrar-se das fronteiras imaginárias para ver novos relacionamentos e para explorar as opções, a fim de que você possa realizar mais coisas de valor. O que impede as pessoas de atingir o seu potencial são todas as "fronteiras imaginárias" que elas têm permitido aprisionar seu modo de pensar e realizar. Opções maravilhosas e viáveis são as recompensas por se tornar mais criativo. Um aprendizado maior provém de uma forma melhor de pensar. Isso nos obriga a mudar.

3. A Aprendizagem Verdadeira É Definida como a Mudança de Comportamento

O humorista Will Rogers disse: "Existem três tipos de homens. Aqueles que aprendem através da leitura, alguns que aprendem através da observação, e o resto de nós tem que fazer xixi em uma cerca elétrica e descobrir por nós mesmos". Ouch. Isso deve que doer. Mas vamos enfrentar o fato: algumas pessoas só aprendem da maneira mais difícil.

Ouvi o autor e consultor Ken Blanchard dizer: "Você não aprendeu nada até que coloque em prática o que aprendeu". Na minha opinião, essa é a perspectiva correta quando se trata de aprendizado. Ele é medido pela ação tangível. É por isso que o técnico John Wooden dizia continuamente aos seus jogadores: "Não me diga o que você vai fazer; mostre-me o que você vai fazer".

A maior lacuna na vida está entre o saber e o fazer. Eu não posso contar o número de pessoas que conheci que *sabem* o que devem fazer, mas não agem de acordo. Às vezes é devido ao medo.

Outras vezes, a preguiça. Outras vezes por causa da disfunção emocional. O problema é que saber o que fazer e *não* fazer não é melhor do que não saber o que fazer. Ele termina com o mesmo resultado. Estagnação. Você realmente não aprendeu alguma coisa até que viva isso. Ou, como disse o poeta Ralph Waldo Emerson, "A vida é uma sucessão de lições que devem ser vividas para serem compreendidas".

Meu amigo Dave Ramsey, um especialista financeiro que escreve livros, dá seminários, e faz um programa de rádio, valoriza muito a ação quando ensina e aconselha as pessoas sobre dinheiro e finanças. Durante uma entrevista recente, ele ressaltou: "O que descobri é que a finança pessoal é 80% de comportamento. Todo o mundo tenta resolver os problemas financeiros com a matemática. Mas não é um problema de matemática, e não é um problema de conhecimento. É um problema de comportamento. O problema com o meu dinheiro é o idiota que barbeio todas as manhãs. Se eu conseguir que aquele cara do espelho se comporte, ele pode ser magro e rico. Não é mágica".[1] Isso é verdade. Transformar o aprendizado em mudança de comportamento não é mágica. Mas é mágico. Pode mudar sua vida.

4. O Sucesso Contínuo É Resultado de Falhar e Aprender Continuamente

A professora Marva Collins diz: "Se você não pode cometer um erro, você não pode fazer nada". Verdade. Se quiser ser bem-sucedido, você precisa estar disposto a falhar, e deve ter a intenção de aprender com essas falhas. Se estivermos dispostos a repetir esse processo de falhar e aprender, ficaremos mais fortes e melhores do que antes.

Em seu livro *Life's Greatest Lessons* [As Maiores Lições da Vida], Hal Urban descreve esse processo. Ele o chama de "forte nos lugares quebrados". Urban escreve:

> "Se você não pode cometer um erro, você não pode fazer nada."
> – Marva Collins

Perto do final do famoso romance de Ernest Hemingway *A Farewell to Arms*, sobre a Primeira Guerra Mundial, ele escreveu: "O mundo quebra todos e mais tarde muitos se tornam mais fortes nos lugares quebrados". O mundo, de fato, quebra todos, e, geralmente, não apenas uma vez. Mas como um osso quebrado se torna ainda mais forte quando se cura, assim também somos nós. Tudo depende da nossa atitude e de nossas escolhas. Podemos nos tornar mais fortes em nossos lugares quebrados se optarmos por aprender com nossos erros, corrigir o nosso curso e tentar novamente. Nossos fracassos na vida, tão dolorosos quanto são, podem ser as nossas experiências de aprendizado mais valiosas e nossa maior fonte de força renovada. Como disse o general George S. Patton: "O sucesso é o quão alto você salta depois de bater no fundo".[2]

Minha esperança é que você salte alto — e continue saltando. A cada salto sucessivo de volta, você será capaz de ir mais alto e além. Isso é o sucesso na vida: a capacidade de aprender a emergir. Como o autor e empresário Joseph Sugarman diz: "Se você estiver disposto a aceitar o fracasso e aprender com ele, se estiver disposto a considerar o fracasso como uma bênção disfarçada e saltar de volta, você tem o potencial de aproveitar uma das maiores e mais poderosas forças para o sucesso".

> "Se você estiver disposto a aceitar o fracasso e aprender com ele, se estiver disposto a considerar o fracasso como uma bênção disfarçada e saltar de volta, você tem o potencial de aproveitar uma das maiores e mais poderosas forças para o sucesso."
> – Joseph Sugarman

Mantenha o Foco e Arrisque ao Vencer, Perder e Aprender

Ao prosseguir na vida e no trabalho para alcançar o sucesso, lembre-se de que o progresso exige risco, leva ao fracasso e oferece muitas oportunidades de aprendizagem. Toda vez que você tentar algo novo, você deve arriscar. Isso é apenas uma parte do aprendizado. Mas há uma arte para gerir esse risco, e trata-se de coordenar de forma eficaz as duas zonas para o sucesso que você tem em sua vida: a sua zona de resistência, onde você faz o seu melhor trabalho; e sua zona de conforto, onde você se sente seguro.

Para maximizar o seu sucesso, você deve tirar o melhor dos seus sucessos e fracassos. Para fazer isso, você precisa entrar em sua zona de força, mas sair de sua zona de conforto. Dê uma olhada em como isso funciona:

Zona de Resistência	Zona de Conforto	Resultado
Fora da sua Zona de Resistência	Fora da sua Zona de conforto	Mau Desempenho Ganhar é impossível
Fora da sua Zona de Resistência	Dentro da sua Zona de conforto	Desempenho Medíocre — Ganhar é impossível
Dentro da sua Zona de Resistência	Dentro da sua Zona de conforto	Bom Desempenho Ganhar é possível
Dentro da sua Zona de Resistência	Fora da sua Zona de conforto	Ótimo Desempenho Ganhar é contínuo

A sabedoria tradicional e, francamente, o foco da maior parte da educação, é dar suporte às suas fraquezas. Mas não é aí que você fará o seu melhor trabalho. As pessoas não serão bem-sucedidas se concentrarem o seu tempo e esforço fora da sua zona de resistência. Você precisa se formar em suas forças. É aí que reside a sua produtividade. O recente trabalho da organização Gallup confirma isso e é amplamente discutido nos livros e instrumentos de teste que publicam.

Embora seja verdade que os seus maiores sucessos estarão em sua zona de resistência, também é verdade que suas melhores falhas nela ocorrerão. Por que digo isso? Porque você vai se recuperar o mais rápido e aprender mais onde o seu talento e habilidades são mais fortes. Por exemplo, um dos meus pontos mais fortes é a comunicação. Digamos que eu tente algo novo no palco quando estou a falando para uma plateia e falho miseravelmente. É provável que serei capaz de descobrir o que deu errado muito rapidamente. Eu poderia até mesmo ser capaz de diagnosticar o problema e fazer os ajustes necessários, enquanto eu ainda estou falando. E porque estou trabalhando na minha força, vou entender o problema e não mais repetir o que eu fiz de errado.

Em contraste, digamos que eu tenha um problema com o meu carro. Estou dirigindo na estrada e ele dá problema. A única coisa que sei fazer nessa situação é verificar o medidor de combustível. Se esse não for o problema, não tenho absolutamente nenhuma chance de descobrir como corrigi-lo. A única coisa que posso fazer nessa situação é ligar para o meu mecânico. E mesmo que ele explique *exatamente* o que estava errado, não haverá nada que eu possa fazer se acontecer de novo no futuro. Por quê? Porque está totalmente fora da minha zona de resistência.

Tenho certeza de que o processo é semelhante para você. Se você estiver fora de sua zona de resistência, um problema é um mistério. Se você estiver na sua zona de resistência, um problema é um desafio, uma experiência de aprendizado e um caminho para a melhoria. É por isso que você precisa sair de sua zona de conforto ao correr riscos, enquanto trabalha em sua zona de resistência. Ao correr riscos, você aprende as coisas mais rápido do que as pessoas que não os assumem. Você experimenta. Você aprenderá mais sobre o que funciona e o que não funciona. Você superará obstáculos mais rapidamente do que as pessoas que jogam seguro e são capazes de construir sobre essas experiências.

O teórico político Benjamin Barber disse: "Eu divido o mundo em aprendizes e não aprendizes. Há pessoas que aprendem, que estão abertas para o que acontece ao seu redor, que escutam, que ouvem as lições. Quando eles fazem algo estúpido, não farão novamente. E quando fazem algo que funciona um pouco, fazem ainda melhor e mais sólido da próxima vez. A pergunta a ser feita não é se você é um sucesso ou um fracasso, mas se você é um aprendiz ou um não aprendiz".

Continue Subindo

A maior educação que você receberá será proveniente dos riscos assumidos em sua zona de resistência. Assumir riscos sem habilidade leva ao aumento da frustração e fracasso contínuo. Risco assumido com habilidade leva ao aumento da aprendizagem e do sucesso.

Eu não sei qual é o seu Monte Everest pessoal — o que você foi colocado aqui na terra para fazer. Todo o mundo tem um. Mas uma coisa eu sei: ganhando ou perdendo, você precisa tentar chegar ao cume. Se não fizer isso, você sempre vai se arrepender. À medida que fica mais velho, você vai descobrir que ficou mais decepcionado pelas coisas que não tentou do que pelas coisas que tentou e não conseguiu alcançar. E aqui está a melhor notícia. A cada passo do caminho há algo a aprender.

Às Vezes Você Ganha, às Vezes Você Aprende

Você está matriculado numa escola informal de tempo integral chamada vida. Nela não há erros, apenas lições. O crescimento é um processo de tentativa e erro, experimentação e melhoria. Os experimentos fracassados são tanto desse processo quanto os que deram certo.

As lições que você tem a oportunidade de aprender lhe serão apresentadas de várias formas. Deixe de aprender a lição e você ficará preso, incapaz de prosseguir. Aprenda a lição e você começará a seguir em frente e passará para a próxima. E se você fizer isso direito, o processo não termina nunca. Não há nenhuma parte da vida que não contenha lições. Se você está vivo, significa que ainda tem oportunidades pela frente para aprender. Você apenas tem que estar disposto a enfrentá-las. Você possui todas as ferramentas e recursos de que necessita. A escolha é sua. Outros irão dar-lhe conselhos. Alguns podem até ajudá-lo, mas você tem que fazer o teste. Às vezes você vai ganhar. Algumas vezes você vai perder. Mas a cada vez você terá a oportunidade de se perguntar: "O que aprendi?" Se você sempre tiver uma resposta para essa pergunta, então irá longe. E você aproveitará a viagem.

Solução do quebra-cabeça da página 179:

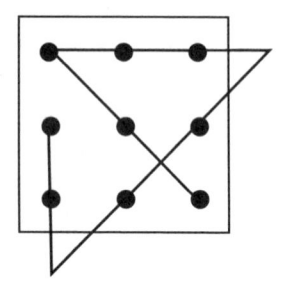

Notas

1. Quando Você Está Perdendo, Tudo Dói
1 Charles Bracelen Flood, *Lee: The Last Years*. Nova York: Marinei Books, 1998, p. 136.

2. Humildade: O Espírito do Aprendizado
1 "John Wooden: Life and Times", UCLA, http://www.spotlight.ucla.edu/ john-wooden/life-and-times/, acessado em 23 de setembro de 2010.
2 John Wooden e Don Yeager, *A Game Plan for Life: The Power of Mentoring*. Nova York: Bloomsbury, 2009, p. 34.
3 Jim Tressel com Chris Fabry, *The Winners Manual: For the Game of Life*. Carol Stream, IL: Tyndale, 2008, p. 157.
4 Norman McGowan, *My Years With Churchill*. Londres: Souvenir Press, 1958.
5 Eclesiastes 7.14
6 Charlotte Foltz Jones, *Mistakes That Worked*. Nova York: Doubleday, 1991, introdução.
7 Ibid., p. 8, 9.
8 Ibid., p. 51-53.
9 "Accidental Discoveries", Xperimania, http://www.xperimania.net/ww/en/pub/xperimania/news/world_of_materials/accidental_discoveries.htm, acessado em 20 de julho de 2012.
10 Carta datada de 20 de agosto de 1816, Image 58 of 360, Bound Volume, 30 January 1816–28 December 1818, "The Samuel F. B. Morse Papers at the Library of Congress", Library of Congress, http://memory.loc.gov/cgi-bin/ampage?collId=mmorse&fileName=005/005001/005001page.db&recNum=57, acessado em 12 de julho de 2012.

¹¹ Carta datada de 2 de setembro de 1816, Images 70-72 of 360, BoundVolume, 30 January 1816–28 December 1818, "The Samuel F. B. Morse Papers at the Library of Congress", Library of Congress, http://memory.loc.gov/cgi-bin/ampage?collId=mmorse&fileName=005/005001/005001page.db&recNum=69, acessado em 13 de julho de 2012.
¹² Tim Hansel, *Eating Problems for Breakfast*. Waco, TX: Word Publishing, 1988, p. 33, 34.

3. Realidade: O Alicerce do Aprendizado

1. Charlene Schiff, "Charlene Schiff: A Daughter's Separation from Her Mother", First Person Podcast Series (transcrito), United States Holocaust Memorial Museum, http://www.ushmm.org/museum/publicprograms/programs/firstperson/podcast/detail.php?EventId=E-6E7C692-DFC9-49E3-8577-7E495EEFD0B7&lang=en, acessado em 10 de agosto de 2012.
2. Charlene Schiff como relatado a Sam Boykin, em "Home of the Brave", *Reader's Digest*, abril de 2009, p. 149.
3. "Survivor Volunteers: Charlene Schiff (Shulamit Perlmutter)", United States Holocaust Memorial Museum, http://www.ushmm.org/remembrance/survivoraffairs/meet/detail.php?content=schiff, acessado em 10 de agosto de 2012.
4. "Charlene Schiff: A Daughter's Separation."
5. "Survivor Volunteers: Charlene Schiff (Shulamit Perlmutter)."
6. Ibid.
7. Boykin, "Home of the Brave".
8. Jack Moline, "A Life Bearing Witness to the Holocaust", Alexandria Gazette Packet, 5 de novembro de 2008, http://www.tisaraphoto.com/legends/Schiff.htm, acessado em 30 de julho de 2012.
9. Boykin, "Home of the Brave".
10. Hal Urban, *Life's Greatest Lessons: 20 Things That Matter*. Nova York: Fireside, 2003, p. 12.
11. Fonte desconhecida.
12. Michael Tarm, "Astronauts, Flight Directors Hold Reunion to Mark 40th Anniversary of Apollo 13 Drama, Triumph", *Star Tribune*, 12 de abril de 2010, http://www.startribune.com/templates/Print_This_Story?sid=90707004, acessado em 5 de abril de 2013.

4. Responsabilidade: O Primeiro Passo para o Aprendizado

1. Spongebob623, "Homeless Man w/Golden Radio Voice", YouTube, http://www.youtube.com /watch?v= HoXSMPFwI.
2. Ted Williams com Bret Witter, *A Golden Voice: How Faith, Hard Work, and Humility Brought Me from the Streets to Salvation*. Nova York: Gotham Books, 2012, p. 23.
3. Ibid., p. 37.
4. Ibid., p. 53.
5. Ibid., p. 55.
6. Ibid., p. 161.
7. Ibid., p. 251.
8. Charles J. Sykes, *A Nation of Victims: The Decay of the American Character*. Nova York: St. Martin's Griffin, 1993, p. 3.
9. *A Golden Voice*, p. 237.
10. Mateus 5.45
11. Autor desconhecido.
12. "'Thank You for Smoking' author Christopher Buckley Takes on Social Security Reform in 'Boomsday'", Greater Talent Network" http://www.greatertalent.com/speake-news/thank-you-for-smoking -buckley-takes-on-social-security-reform-in-boomsday/, acessado em 23 de agosto de 2012.
13. Eric Plasker, "I Choose My Life", em *The 100 Year Lifestyle*. Avon, MA: Adams Media, 2007, Kindle edition, localização 4686-4711 de 4808.
14. PatriciaSellers,"SoYouFail.NowBounceBack!" CNNMoney, May 1, 1995, http://money.cnn.com/magazines/tune/1995/05/01/index.htm, acessado em 27 de agosto de 2012.
15. Alan Loy McGinnis, *Confidence: How to Succeed at Being Yourself*. Minneapolis, MN: Augsburg Fortress, 1987, p. 27.
16. Frances Cole Jones, *The Wow Factor: The 33 Things You Must (and Must Not) Do to Guarantee Your Edge in Today's Business World*. Nova York: Ballantine Books, 2009, p. 30, 31.

5. Aperfeiçoamento: O Foco do Aprendizado

1. "Walter Cronkite", obituário, *New York Times*, 17 de julho de 2009, http://www.legacy.com/obituaries/nytimes/obituary.aspx?page=lifestory&pid=129897828#fbLoggedOut, acessado em 28 de agosto de 2012.

² Richard Huff, "Walter Cronkite, 'Most Trusted Man in America' and CBS Anchor, Dead at 92", New York *Daily News*, 17 de julho de 2009, http://articles.nydailynews.com/2009-07-17/news/17929428_1_anchor-seat-walter-cronkite-cbs-anchor, acessado em 28 de agosto de 2012.

³ Dana Cook, "Walter Cronkite, 1916–2009", *Salon*, 18 de julho de 2009, http://www.salon.com/2009/07/18/walter_cronkite/, acessado em 28 de agosto de 2012.

⁴ Walter Cronkite, *A Reporter's Life*. Nova York: Ballantine Books, 1996, p. 68.

⁵ Henry O. Dormann, comp., *Letters from Leaders: Personal Advice for Tomorrow's Leaders from the World's Most Influential People*. Guilford, CT: Lyons Press, 2009, p. 22, 23.

⁶ Kevin Kelly, "The Speed of Information", *The Technium* (blog), 20 de fevereiro de 2006, http://www.kk.org/thetechnium/archives/2006/02/the_speed_of_in.php, acessado em 29 de agosto de 2012.

⁷ "Author Biography: Jack V. Matson", Paradigm Press, http://www.innserendipity.com/paradigm/matson.html, acessado em 29 de agosto de 2012.

6. Esperança: A Motivação do Aprendizado

¹ Anúncio de página inteira de Marriott, *USA Today*, 20 de janeiro de 2009.

² "When Everything Material Is Lost", Pulpit Helps, http://www.pulpithelps.com/www/docs/243-317, acessado em 4 de setembro de 2012.

³ Jonathan Sacks, *The Dignity of Difference: How to Avoid the Clash of Civilizations*. Nova York: Continuum, 2002, p. 206.

⁴ Bob Wosczyk, *Who Says the Fat Lady Has to Sing? How to Overcome the Eight Fears That Make Us Quit on Our Lifelong Dreams*. Tucson: Wheatmark, 2008, p. 1, 2.

⁵ Jim Abbott e Tim Brown, *Imperfect: An Improbable Life*. Nova York: Ballantine Books, 2012, p. 55.

⁶ Ibid., p. 56.

⁷ Ibid., p. 58.

⁸ Ibid., p. 61.

⁹ Ibid., p. 66.
¹⁰ Ibid., p. 182.
¹¹ Ibid., p. 185.
¹² Ibid., p. 183.
¹³ "Jim Abbott Career Stats", MLB.com, http://mlb.mlb.com/team/player.jsp?player_id=110009, acessado em 10 de setembro de 2012.
¹⁴ Abbott e Brown, *Imperfect*, p. 276.

7. Ensinabilidade: O Caminho para o Aprendizado

¹ Mark Murphy, *Hiring for Attitude: A Revolutionary Approach to Recruiting Star Performers with Both Tremendous Skills and Superb Attitude*. Nova York: McGraw-Hill, 2012, p. xi–xii.
² Hal Urban, *Life's Greatest Lessons: 20 Things That Matter*. Nova York: Fireside, 2003, p. 42, 43.
³ Ibid., p. 50.
⁴ Jeorald Pitts e Lil Tone, "Can You Identify What I Am?" *Los Angeles Sentinel*, 16 de dezembro de 2010, http://www.lasentinel.net/index.php?option=com _content&view=article&id=3252:can-you-identify-what-i-am&catid= 92&Itemid=182, acessado em 13 de setembro de 2012.
⁵ Richard Wurmbrand, *In God's Underground*, Kindle edition. Bartlesville, OK: Living Sacrifice Book Company, 1968, localização 213 de 3720.
⁶ Ibid., localização 102 de 3720.

8. Adversidade: O Catalisador para o Aprendizado

¹ Gilbert King, "The Unknown Story of the Black Cyclone, the Cycling Champion Who Broke the Color Barrier", *Past Imperfect* (blog), *Smithsonian*, 12 de setembro de 2012, http://blogs.smithsonianmag.com/history/2012/09/Notes 231the-unknown-story-of-the-black-cyclone-the-cycling-champion -who-broke-the-color-barrier/?utm_source=smithsoniantopic&utm_medium=email&utm_campaign=-20120916-Weekender, acessado em 17 de setembro de 2012.
² Michael Kranish, "Major Taylor – The World's Fastest Bicycle Racer", *Boston Globe Magazine*, 16 de setembro de 2001, http://www.michaelkranish.com/Michael_Kranish/Major_Taylor.html, acessado em 18 de setembro de 2012.

³ King, "The Unknown Story of the Black Cyclone".
⁴ Kranish, "Major Taylor".
⁵ King, "The Unknown Story of the Black Cyclone".
⁶ Kranish, "Major Taylor".
⁷ Ibid.
⁸ Robert Browning Hamilton, "Along the Road", citação em Edith P. Hazen, ed., The Columbia Granger's Index to Poetry, 10. ed. Nova York: Columbia University Press, 1993, p. 34.
⁹ Amy Wilkinson, "Entrepreneurial Nation", *USA Today*, 16 de julho de 2009, 9A.
¹⁰ James Casey, "Climb the Steep", PoemHunter.com, http://www.poemhunter.com/poem/climb-the-steep/, acessado em 25 de setembro de 2012.

9. Problemas: Oportunidades para o Aprendizado

¹ Fonte desconhecida.
² Robert H. Schuller, *Tough Times Never Last, But Tough People Do*. Nova York: Bantam Books, 1984, p. 73.
³ *Understanding the Winds of Adversity*, Supplementary Alumni Book, vol. 7. Oak Brook, IL: Institute in Basic Youth Conflicts, 1981, citado em Bill Scheidler, "Understanding Suffering and Affliction", ChurchLeadershipResources.com, http://www.churchleadershipresources.com/DownloadLanding.aspx?resourceId=2662&openOrSave=Save, acessado em 28 de setembro de 2012.
⁴ Lowell D. Streiker, *An Encyclopedia of Humor*. Peabody, MA: Hendrickson Publishers, 1998, http://www.pdfdocspace.com/docs/31004/an-encyclopedia -of-humor(100).html, acessado em 28 de setembro de 2012 (a página não está mais disponível).

10. Experiências Ruins: A Perspectiva para o Aprendizado

¹ Louisa Fletcher Tarkington, "The Land of Beginning Again", citação em Stanley Schell, ed., *Werner's Readings and Recitations*, n. 51. Nova York: EdgarS.WernerandCompany,1912),128,http://books.google.com/books?id =yDAPAQAAMAAJ&pg=PA128&lpg=PA128&dq=land+of+beginning +again+louisa+fletcher+tarkington&source=bl&ots=NAfj_raTbs&sig= c7PH0s_4yLsOO0oUhBEy5FWOL3A&hl=en&sa=X&ei=KiZ-fUd_IHoP232 NotesA9QSm74DoDw&ved=0CF8Q6AEwBw#v=o-

nepage&q=land%20of%20 beginning%20again%20louisa%20fletcher%20 tarkington&f=false, acessado em 5 de abril de 2013.
[2] Fonte desconhecida.
[3] Pat Forde, "U.S. Olympic Swim Trials are Exhilarating for Top Two Finishers, Excruciating If You End Up Third", Yahoo! Sports, 24 de junho de 2012, http://sports.yahoo.com/news/olympics-s--olympic-swim-trials-excruciating-if-you-finish-third.html, acessado em 1º de outubro de 2012.

11. Mudança: O Preço do Aprendizado
[1] Christopher Bonanos, *Instant: The Story of Polaroid*. Nova York: Princeton Architectural Press, 2012, p. 31.
[2] Ibid., p. 32.
[3] Ibid., p. 32, 34.
[4] Ibid., p. 34.
[5] Ibid., p. 44.
[6] Ibid., p. 7.
[7] Ibid., p. 135.
[8] Ibid., p. 145.
[9] Lance Secretan, "Unlearn and Then Dream", *Personal Excellence*, 11, http://www.calaministries.org/PE_1209_ap.pdf, acessado em 4 de outubro de 2012 (a página não está mais disponível).

12. Maturidade: O Valor do Aprendizado
[1] Autor desconhecido.
[2] Urban, *Life's Greatest Lessons*, p. 62.
[3] Arthur C. Brooks, "Obama's Budget Flunks the Marshmallow Test", *Wall Street Journal*, 24 de fevereiro de 2012, http://online.wsj.com/article/SB10001424052970204880404577229220571408412.html, acessado em 8 de outubro de 2012.

13. Vencer Não É Tudo, mas Aprender Sim
[1] Dave Ramsey, entrevista, *Success*, setembro/outubro de 2006, p. 40.
[2] Urban, *Life's Greatest Lessons*, p. 156.